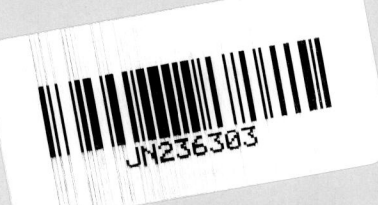

断然有利

LEFT-HANDED BATTER

左バッターになろう！

強化トレーニング＆テクニック

●新日本石油野球部・監修

TRAINING TECHNIC

西東社

強打の左バッターたち

Left-handed batters

強打者、好打者の王道は日本でもアメリカでも確実に左バッターに移行している。まさに「左を制する者は世界を制する！」といっても過言ではないだろう。

バリー・ボンズ

ラリー・ウォーカー

カルロス・デルガド

ロビン・ベンチュラ

ジェロミー・バーニッツ

ジョン・オルルード

モー・ボーン

ショーン・ケーシー

JD.ドリュー

イチロー

ジェイソン・ジアンビ

ルイス・ゴンザレス

ダグ・ミントケビッチ

ティノ・マルティネス

ジム・トーメ

スイッチヒッターの名手たち

Switch Hitter

右打席でも左打席でも打てるプレーヤーをスイッチヒッターと呼ぶ。彼らは右利きにも関わらず、あえて左ででも打っているのである。これも左打ちの有利さを重視してのことだ。

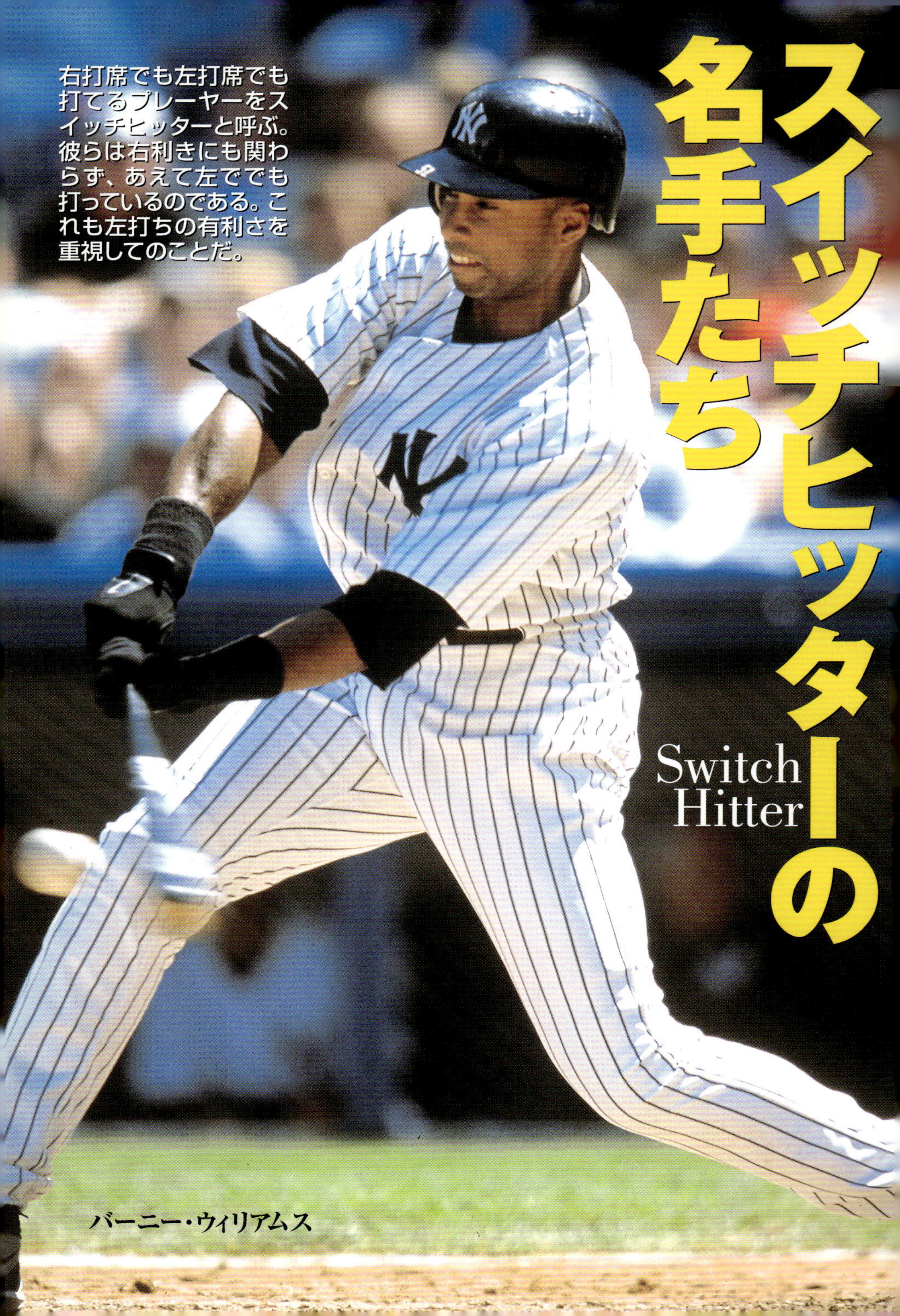

バーニー・ウィリアムス

ロジャー・
セデーニョ

ロベルト・アロマー

ホセ・ビドロ

ロイス・カステーヨ

チッパー・
ジョーンズ

左バッターになろう！
強化トレーニング＆テクニック
CONTENTS

Ⅰ 左バッターはこんなに有利　15～32

左バッターのメリット……16
左打ちがこんなに有利なら、左で打たずにいられない

- ●右ピッチャーのボールは見やすい……18
- ●ミートしやすい……20
- ●一塁へスタートしやすい……22
- ●左打席のほうが右打席よりも一塁に近い……24

チームにもたらすメリット……26
左バッターはチームにとっても利点が多い

- ●一塁ランナーがいるとヒットゾーンが広くなる……28
- ●一塁ランナーが盗塁しやすい……30
- ●左バッターの打球は進塁打になりやすい……32

Ⅱ 右投げ左打ち改造法　33～60

能力、適性をチェックする……34
左打ちとしての能力、適性をチェックしよう

- ●利き目をチェックする……36
- ●利き腕はどっちか……38

●足は速いか ……………………………………………………40

基礎トレーニング ……………………………………………42

左バッターとしての適性を生かした練習に取り組む

●左右のバランスをとる ………………………………………44
●左腕で押しこむ ……………………………………………46
●素振りでフォームを固める …………………………………48
●可動範囲を大きくする ………………………………………50
●センター方向へバットを放り出す ……………………………51
●バントの練習をする …………………………………………52
●ペッパーでバットコントロールを磨く …………………………54
●ティーバッティングで振りこむ …………………………………56
●日常生活から意識して取り組む ………………………………60

Ⅲ コース・高さ別左打ちの基本技術 61～100

スイングの基本 ………………………………………………62

●バットを最後までしっかりと振りきれ！ ………………………62
●走り打ちは左バッターの最大の欠点だ ………………………64
●コース、高低によってミートポイントは異なる …………………66

左バッターになろう！ 強化トレーニング＆テクニック

CONTENTS

インコースの打ち方 …………………………68
インコースのボールはコンパクトに振りぬけ

●右投手の低めストレートを打つ …………………………70
●右投手の真ん中ストレートを打つ …………………………72
●右投手の高めストレートを打つ …………………………74
●左投手や変化球を打つ …………………………76

真ん中のコースの打ち方 …………………………78
真ん中のボールに対しては積極的に打っていけ

●右投手の低めストレートを打つ …………………………80
●右投手のど真ん中ストレートを打つ …………………………82
●右投手の高めストレートを打つ …………………………84
●左投手や変化球を打つ …………………………86

アウトコースの打ち方 …………………………88
アウトコースのボールは手元まで引きつけ、逆らわずに打ち返せ

●右投手の低めストレートを打つ …………………………90
●右投手の真ん中ストレートを打つ …………………………94
●右投手の高めストレートを打つ …………………………96
●左投手や変化球を打つ …………………………100

Ⅳ 左バッターの特徴を生かすバントの技術 101～116

バントの基本 …………………………… 102

●バントの構え方 …………………………… 102

バントの種類と方法 …………………………… 104
左バッターのメリットを最大限に生かせ

●サクリファイスバント(犠牲バント)の方法 …………………………… 106

●セーフティーバントの方法 …………………………… 108

●プッシュバントの方法 …………………………… 110

●ドラッグバントの方法 …………………………… 112

●スクイズの方法 …………………………… 114

●バスターの方法 …………………………… 116

Ⅴ 左打ちの応用技術 117～144

目的別バッティング …………………………… 118
ケース・バイ・ケースに応じたバッティングを身につけよう

●ゴロの打ち方 …………………………… 120

●外野フライの打ち方 …………………………… 122

●センター返しの打ち方 …………………………… 124

●引っ張る打球の打ち方 …………………………… 126

●流し打つ打球の打ち方 …………………………… 128

●カットのしかた …………………………… 130

対戦投手のタイプ別バッティング ……………132
6タイプのピッチャーを攻略する

●オーバースローの右投手を攻略する ……………134
●オーバースローの左投手を攻略する ……………136
●サイドスローの右投手を攻略する ……………138
●サイドスローの左投手を攻略する ……………140
●アンダースローの右投手を攻略する ……………142
●アンダースローの左投手を攻略する ……………144

VI 左バッターのためのトレーニング 145～158

野球選手が鍛えたい筋肉 ……………146
●バッターのための体力トレーニングとは ……………146

柔軟性を高める ……………148
●野球選手のための柔軟性チェック ……………148
●バッターのためのストレッチ ……………150

筋力を高める ……………154
●バッターの筋力トレーニング ……………154

LEFT-
HANDED
BATTER
RAINING & TECHNIC

I

左バッターはこんなに有利

I

左バッターはこんなに有利

左バッターのメリット

左打ちがこんなに有利なら、左で打たずにいられない

野球は右打席に立って打つよりも、
左打席に立って打つほうが
はるかに有利である。なによりも、
右打席より左打席のほうが
右ピッチャーのボールは見やすいし、
左打席で打てば打ち終わった体勢のまま
スタートできる。また物理的に見ても、
右打席よりも左打席のほうが一塁に近い
などのアドバンテージがあるからだ。

右ピッチャーのボールは見やすい

P.18

ミートしやすい

P.20

一塁へスタートしやすい

P.22

一塁に近い
P.24

右ピッチャーのボールは見やすい

左バッターにとって右ピッチャーのボールは角度的にリリースポイントが見やすく、ボールが対角線に向かってくるため距離が長くなる。したがって、そのぶん視野も広くなり、ボールをしっかりと見定めることが可能となる。

ボールの出所から軌道まで、しっかりと見える。

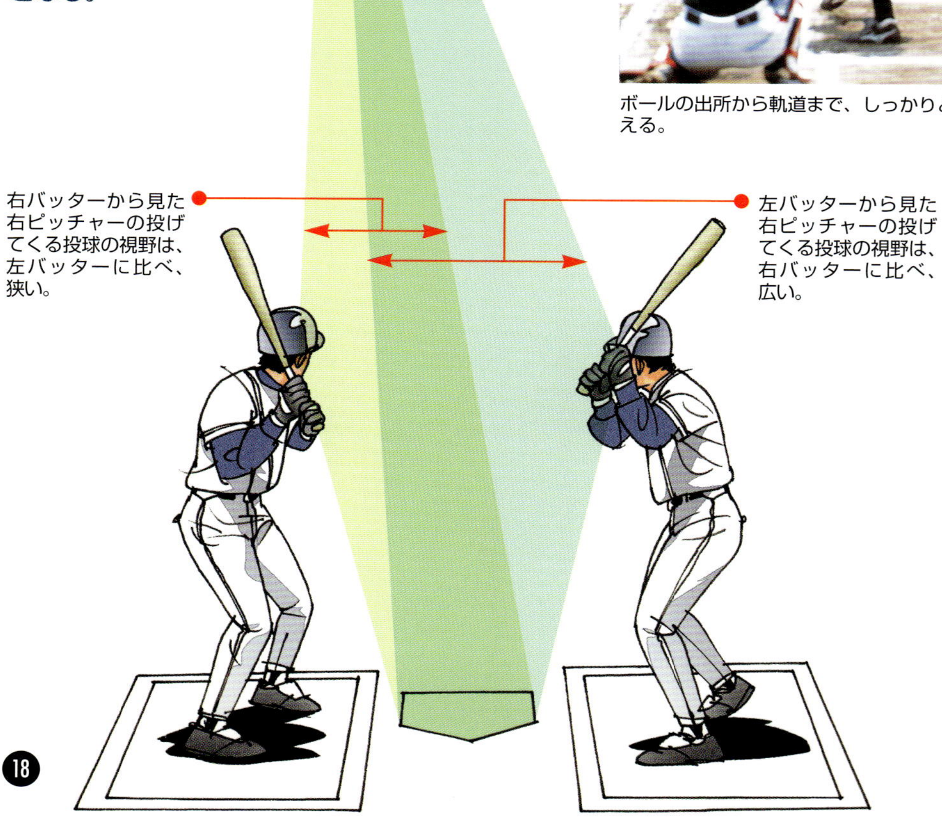
右バッターから見た右ピッチャーの投げてくる投球の視野は、左バッターに比べ、狭い。
左バッターから見た右ピッチャーの投げてくる投球の視野は、右バッターに比べ、広い。

●右打席から見たピッチャー

左の写真は右打席に立っているバッターの真後ろから撮影したものだ。この写真を見ればわかるように、右バッターにとって右ピッチャーのボールは、極端にいえば自分の背中のほうから投げられているような感じで非常に見づらい。

右打席に立っているバッターにとっては、右ピッチャーのリリースポイントが自分にとって近いので、ボールが見づらい。

●左打席から見たピッチャー

左バッターから見る右ピッチャーのボールは対角線に向かってくるので実に見やすい。ボールとの距離感もしっかりとれて、右バッターのように右ピッチャーの投げたスライダーやカーブが自分からどんどん逃げていき、それをバットで追いかけるといったこともない。

逆に、ボールは自分のほうに向かってくるためにさばきやすくなる。内角にくいこんでくるスライダーやカーブに対しては、自分の腕を縮めて、わずかに体を開きながらスイングすれば打ちやすい。つまり、それだけバットとボールとの距離がとりやすく、自分の中での調節が可能になるのである。

左打席に立っているバッターにとっては、右ピッチャーのリリースポイントが自分にとって遠いので、ボールが見やすい。

I 左バッターはこんなに有利

左バッターのメリット

Strong point

ミートしやすい

バットを握る場合、右バッターは右手が添え手になり、左手が引き手となる。逆に、左バッターは左手が添え手になり、右手が引き手となる。バッティングの主導は引き手であり、この引き手がバットをボールまでリードする。ということは、右投げのバッターは左で打ったほうがミートしやすいということになる。とくに右手の力の強いバッターには左打ちをすすめたい。右手の力が強すぎるバッターが右打ちをすると右手でこねてしまったり、せっかくいい当たりをしても打球が左へきれていくケースが多くなるからだ。

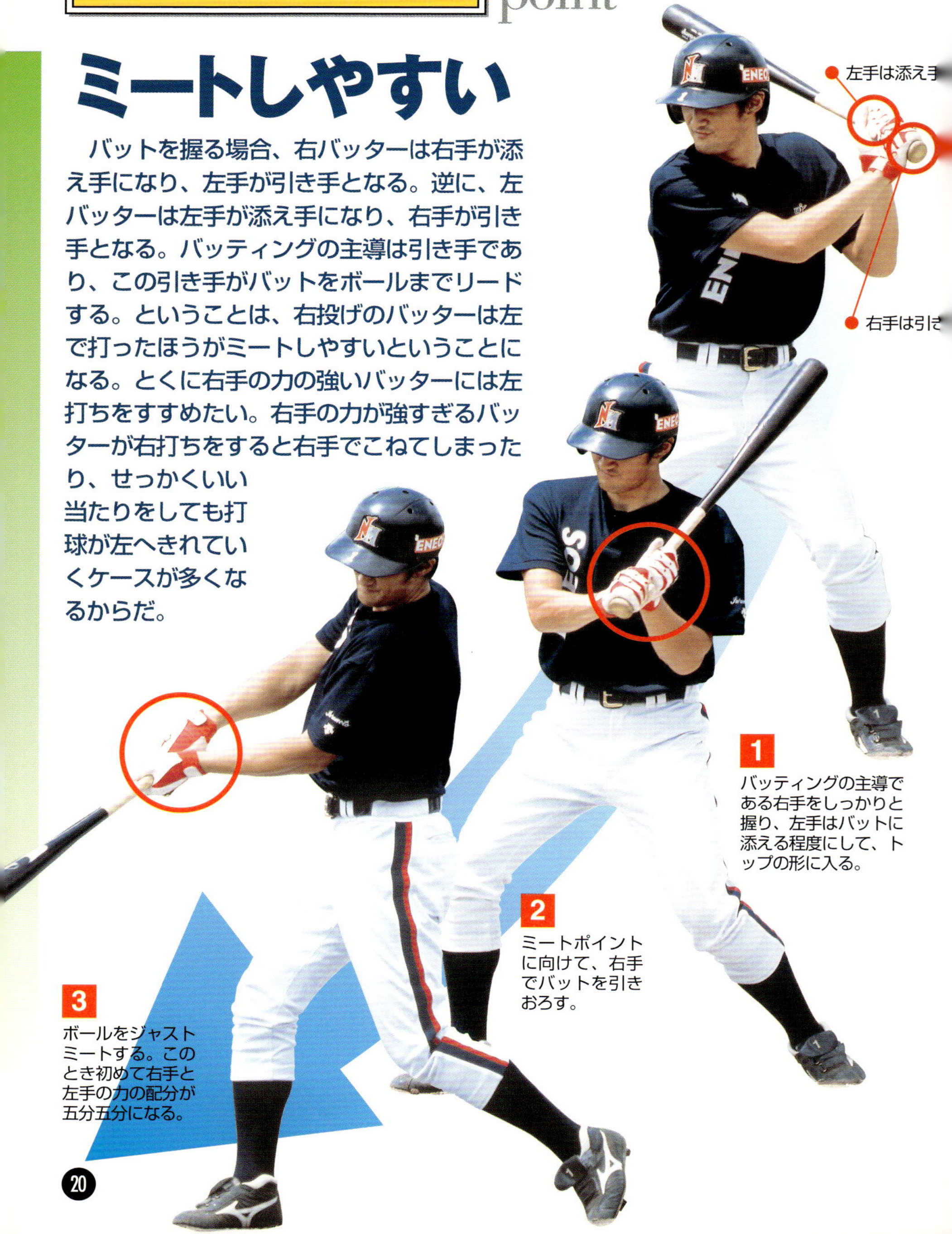

1
バッティングの主導である右手をしっかりと握り、左手はバットに添える程度にして、トップの形に入る。

2
ミートポイントに向けて、右手でバットを引きおろす。

3
ボールをジャストミートする。このとき初めて右手と左手の力の配分が五分五分になる。

●右腕主導だとミートポイントがブレない

右投げの場合、もちろん利き腕は右腕であり、右腕のほうが握力もあるはずである。ということは、長いバットも右腕だけで思いのままに操れるというわけだ。左打ちの場合には、この右腕が主導になるのでバットコントロールもスムーズにいき、ミートポイントがブレることはない。

右腕一本でもバットを支えられる。

バランスよくバットを持てる。

●左腕主導だとミートポイントがブレる

右投げで極端に右腕の力が強く、左腕の力が弱いにも関わらず、右打ちをしようとすると、長いバットを左腕だけで思いのままに操れず、ミートポイントがブレることになる。とくにインパクト時にバットのヘッドが下がってしまうようだと力強いスイングができず、ヒットはのぞめない。

左腕一本ではバットを支えられない。

バランスよくバットを持てないため、ボールに力負けしてしまう。

一塁へスタートしやすい

左バッターは、インパクトからフォロースルーの時点で体そのものが自然と一塁方向へ向く。バットをラインの外へ離しながら左足を一塁方向へ踏み出せば、そのままダッシュのスタートの形になるので、あとは一気に一塁へ向かって走っていけばよい。ところが、これが右バッターだとフィニッシュの時点で三塁方向へ向いてしまっている体をもう一度、一塁方向へ反転させてから走り出さなくてはならない。

左打席

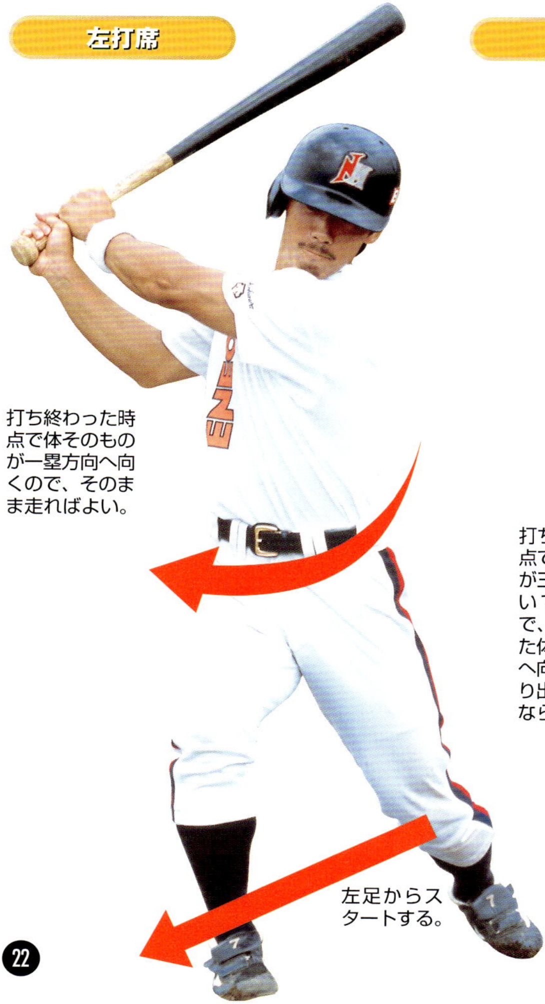

打ち終わった時点で体そのものが一塁方向へ向くので、そのまま走ればよい。

左足からスタートする。

右打席

打ち終わった時点で体そのものが三塁方向へ向いてしまうので、そこからまた体を一塁方向へ向けてから走り出さなければならない。

●スタート差「0.2秒」がヒットを生む

フィニッシュの時点で体が一塁方向へ向く左バッターと、三塁方向へ向いてしまっているため体をもう一度、一塁方向へ反転させてから走り出さなくてはならない右バッターとでは、スタート時で約0.2秒の差が出るといわれている。この差は大きい。

右打席の場合

しっかりとボールを打ちぬく。

そのままフォロースルーをとる。

体を一塁方向へ反転させる。

右足から一塁へスタートをきる。

左打席の場合

しっかりとボールを打ちぬく。

そのままフォロースルーをとる。

バットをラインの外へ離しながら左足を一塁方向へ踏み出す。

そのまま一塁へ向かってダッシュする。

左打席のほうが右打席よりも一塁に近い

野球場の本塁から一塁までの距離は、27.431メートルである。もちろん一塁から二塁、二塁から三塁、三塁から本塁もまったく同じである。この塁間を結んだ四角形をダイヤモンドというが、このダイヤモンドの一辺の距離は「野球規則」によって決められているので、どこの野球場に行っても変わることはない。このダイヤモンドを上から見ると、本塁を挟んで右打席と左打席とに振り分けられている。さらによく見れば、右打席は一塁に遠く、左打席は一塁に近いということがわかるはずだ。

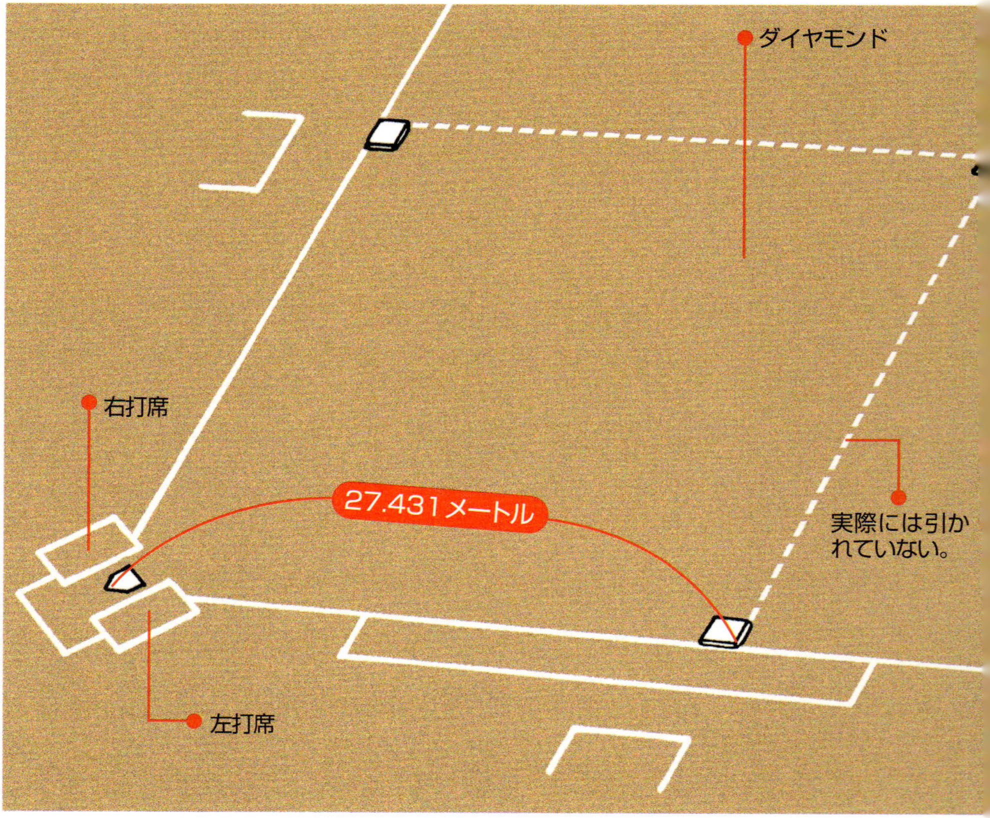

●スタートの時点で約1メートルの差がある

右打席と左打席は本塁を挟んでいるわけだが、この本塁は43.2センチであり、このホームプレートとバッターボックスのラインとの間は約15センチ空いている。ということは、右打席と左打席との間は約73センチで、バッターがそれぞれのバッターボックス内で立つことを考慮すると、右バッターと左バッターとではスタートの時点で約1メートルも左バッターのほうが一塁に近いということになる。

●左打席ならぎりぎりセーフ

右打席より左打席のほうが約1メートルも一塁に近いということは、同じ内野ゴロを打った場合、右打席で打ってアウトになっても、左打席で打つと、ぎりぎりセーフになる可能性もあるということだ。

左打席で打った場合

左打席で打った場合には、ぎりぎりセーフ。

右打席で打った場合

右打席で打った場合には、一塁ベースから1メートル以上も手前でアウトになってしまう。

I 左バッターはこんなに有利

チームにもたらすメリット

左バッターはチームにとっても利点が多い

バッターが左打席に立つということは、個人レベルの利点にとどまらず、チームにもメリットをもたらせてくれる。まず、バッターが左打席に立っていることによって、キャッチャーから一塁ランナーが見づらく、二塁へ送球しづらいので一塁ランナーが盗塁しやすい。
また、一塁走者がいるとヒットゾーンが広くなるので、戦術の幅が広がる。
さらに、左バッターの打球は一塁方向が多いため、進塁打になりやすい、といった多大なメリットがある。

一塁ランナーがいるとヒットゾーンが広くなる

P.28

一塁ランナーが盗塁しやすい

P.30

左バッターの打球は進塁打になりやすい

P.32

ENEOS

I 左バッターはこんなに有利

チームにもたらすメリット

Strong point

一塁ランナーがいると ヒットゾーンが広くなる

左バッターの場合、バットを振りきれば自然と一塁方向への打球が多くなる。ということは、一塁ランナーがいる場合、ファーストがピッチャーからの牽制球を受けるためにベースに着く。その結果、一・二塁間が広く開くことになり、それだけヒットゾーンが広くなる。これは選手個人にとってもメリットであるが、チームにもたらすメリットも小さくない。

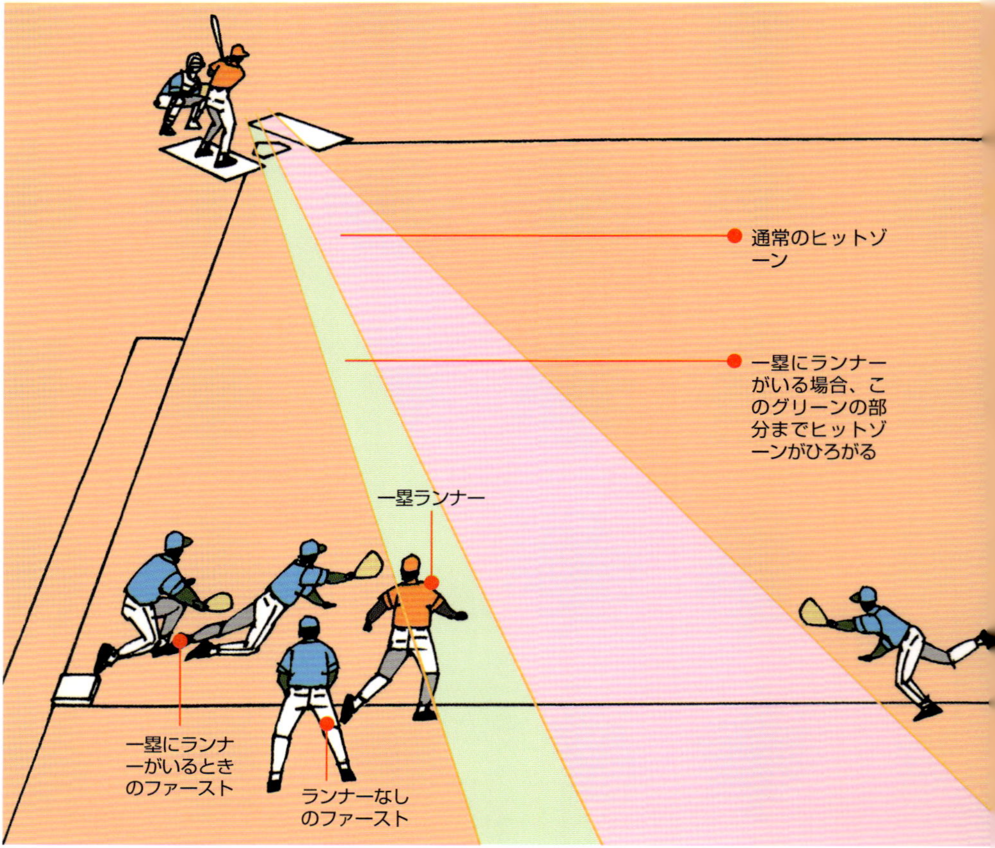

通常のヒットゾーン
一塁にランナーがいる場合、このグリーンの部分までヒットゾーンがひろがる
一塁ランナー
一塁にランナーがいるときのファースト
ランナーなしのファースト

●二死一塁で次打者が左バッターのときには、あえて走るな！

二死で一塁にランナーが出たケースでは、セオリー通りに攻撃するなら、ランナーに盗塁してほしいところだ。しかし、ピッチャーの牽制球がうまい、キャッチャーの肩がいい、ランナーの足が遅いというような場合には盗塁の成功率が低くなるため、なかなか盗塁のサインが出しにくい。ところが、次打者が左バッターの場合には「あえて走るな」と、ランナーを一塁に止めておき、一・二塁間のヒットゾーンを広くして、左バッターに打たせるという方法もある。これこそチームにとってのメリットである。

一塁にランナーがいない場合

左バッターということで、セカンドが後ろへ下がっているぶん、一・二塁間のヒットゾーンはどちらかといえば狭い。

一塁にランナーがいる場合

ファーストがベースに着いているので、左バッターのヒットゾーンがこれだけ広くなる。

一塁ランナーが盗塁しやすい

ランナーが一塁にいる場合、バッターが左打席に立っているとキャッチャーから一塁ランナーが見づらいうえに、いざ盗塁されたときに、バッターが邪魔になって二塁へ送球しづらい。これも左バッターがチームにもたらすメリットの一つである。

●キャッチャーから一塁ランナーが見づらい

一塁にランナーがいる場合、キャッチャーは盗塁があるか、それともヒットエンドランかと常に一塁ランナーの動きをチェックし、スキがあれば牽制球を投げようとする。しかし、バッターが左打席に立っているとなかなかそういうわけにはいかない。なぜなら、バッターの体が邪魔になって、一塁ランナーが見づらいからだ。

右バッターの場合

視界良好で一塁ランナーの一挙手一投足すべてがわかり、いつでも牽制球を投げられる。

左バッターの場合

バッターの体が邪魔して、一塁ランナーの動きがよく見えない。

●キャッチャーが二塁へ送球しづらい

左利きのキャッチャーがほとんどいないのは、右バッターが多いことと三塁へ送球しやすいためだが、一塁ランナーが盗塁するかもしれない場面でバッターが左打席に立ったときだけは左利きのキャッチャーのほうが有利になるはずだ。なぜなら、右利きのキャッチャーの場合、左打席にバッターが立っていると、そのバッターが邪魔になって二塁への送球がしづらくなってしまうからだ。

盗塁の気配を察知して、送球の準備をする。

ボールをテークバックしながら、二塁方向へステップ。

二塁へ向けて送球を開始する。

左バッターをなんとかよけながら二塁へ送球する。

I 左バッターはこんなに有利

チームにもたらすメリット

Strong point

左バッターの打球は進塁打になりやすい

たとえバッターがアウトになってもランナーを次の塁へ進めることができれば「ナイスアウト」といって評価される。それがいわゆる「進塁打」であって、チームプレーの一つであるが、左バッターの打球は一塁方向へ飛ぶことが多く、ランナーのいる場合には、この「進塁打」になりやすい。

ランナーは自分の後ろへ打球が飛んだら、一気に次の塁へ走る。

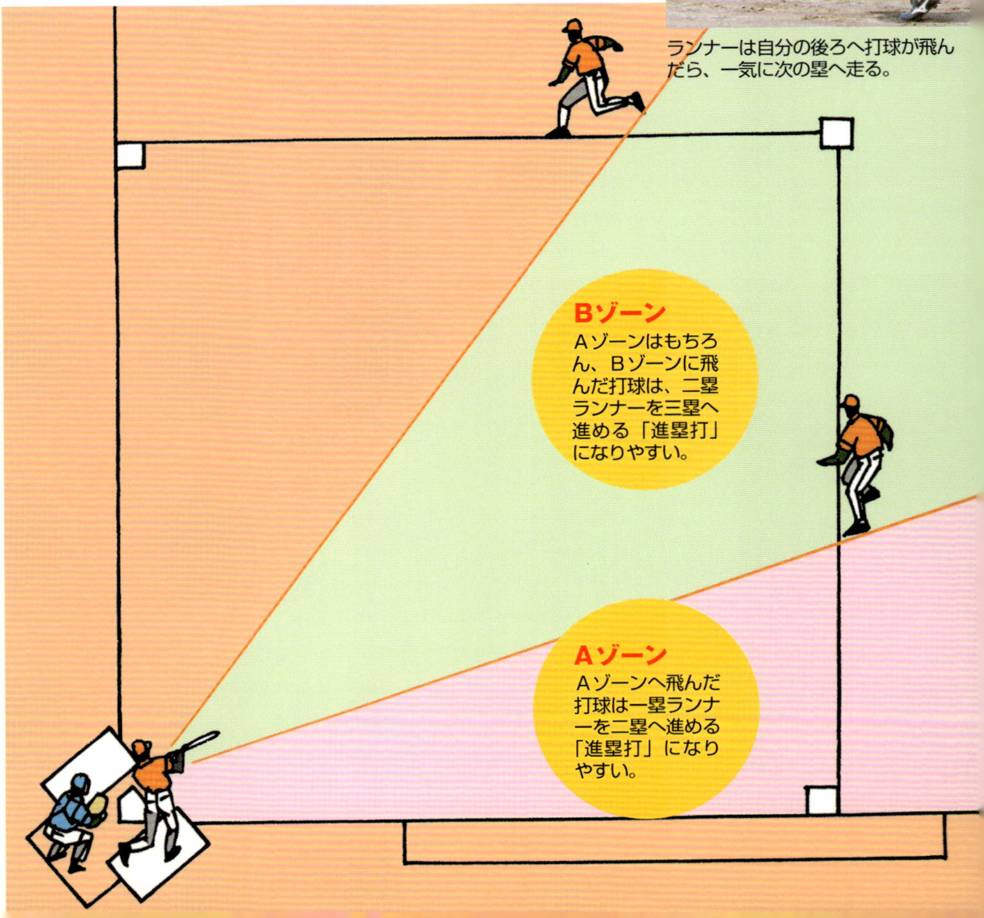
Bゾーン
Aゾーンはもちろん、Bゾーンに飛んだ打球は、二塁ランナーを三塁へ進める「進塁打」になりやすい。
Aゾーン
Aゾーンへ飛んだ打球は一塁ランナーを二塁へ進める「進塁打」になりやすい。

LEFT-HANDED BATTER

RAINING & TECHNIC

Ⅱ

［右投げ左打ち改造法］

左打ちとしての能力、適性をチェックしよう

野球は右打ちよりも左打ちが有利だとはいっても、
右で打ったほうがうまく打てるのであれば、無理して左で打つことはない。
しかし、右で打っていてもバットにボールが
当たらない、あるいは当てることはできても
ヒットになる確率が低い、
ということであれば、いっそ左打ちに
チャレンジしてみよう。
そのためには、右投げ（右利き）でも
左打ちに適しているか、自分の能力、
適正をチェックする必要がある。

利き目をチェックする

P.36

利き腕はどっちか

P.38

足は速いか

P.40

利き目をチェックする

人間の体には「利き腕」「利き足」があるように、「利き目」というものもある。バッティングの基本の基がボールを「よく見る」ということであるならば、まずは自分の「利き目」は右目なのか、あるいは左目なのかを知っておくことがだいじだ。

●利き目を調べる方法

まずは、両目をしっかりと開けたまま人差し指を立てて、それを目標物に向ける。次に片方ずつ目をつぶって指を見る。そのときに、指がそのまま目標物をさしているほうが「利き目」になることを知っておこう。

両目を開けたまま目の前に人差し指を立てて、ある目標物の一点に向ける。

左目を閉じて、右目で人差し指を見る。この場合、指がしっかりと目標物をさしているので、利き目は「右目」ということに。

右目を閉じて、左目で人差し指を見る。この場合、指が目標物からズレているので、利き目は「右目」であるといえる。

●右目が利き目だったら、左打ちが有利

利き目が右の場合は左打ちのほうが有利である。なぜなら左打席から顔をピッチャー方向へ大きく向けなくても楽にピッチャーが見え、投球も見やすいからだ。

右目が利き目の場合

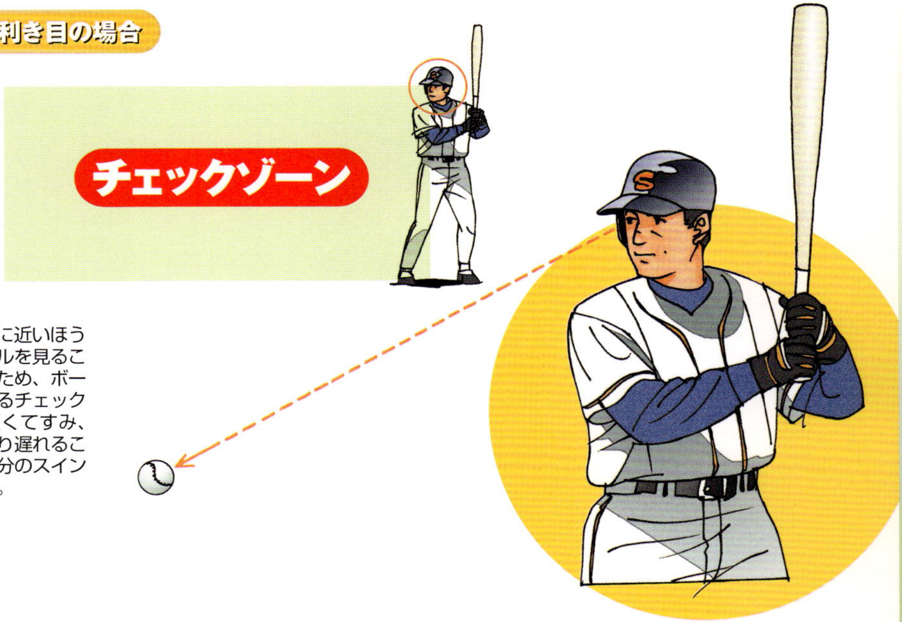

ピッチャーに近いほうの目でボールを見ることができるため、ボールを見極めるチェックゾーンも短くてすみ、そのぶん振り遅れることなく、自分のスイングができる。

左目が利き目の場合

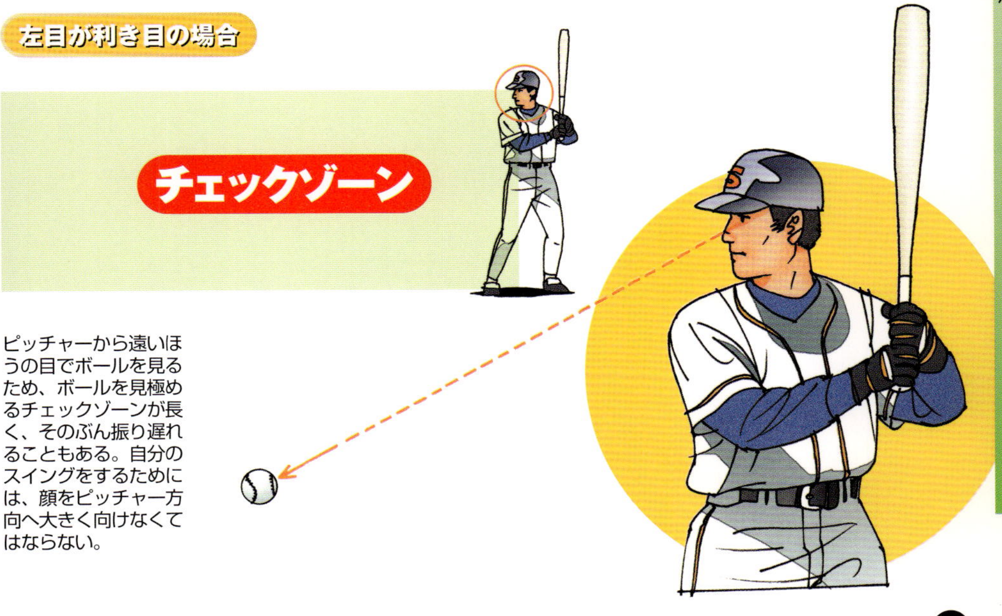

ピッチャーから遠いほうの目でボールを見るため、ボールを見極めるチェックゾーンが長く、そのぶん振り遅れることもある。自分のスイングをするためには、顔をピッチャー方向へ大きく向けなくてはならない。

利き腕はどっちか

ここでもう一度「利き腕」はどちらかをチェックしておこう。右投げだからといって、必ずしも利き腕が右腕であるとはいえない。小さいころから見よう見まねで右腕で投げていたものの、本当は左腕が利き腕だったという選手も、まれではあるがいるからだ。

まず、キャッチボールをしてみて、次の3点を左腕で投げたときと比べてみよう。やはり右腕のほうがスムーズに投げられるということなら、とりあえず、右腕が利き腕とみてよいだろう。

正しいフォームで投げているか。　遠投はできるか。　コントロールは正確か。

●利き腕が「右」なら、左打ちが有利

バッティングの際のバットを振っていく主導（スイングの軌道をリードする）の働きは引き手にあり、この引き手がバットをボールまでリードする。右打ちの場合は左腕が主導を果たすことになるが、左腕の力が弱いとバットを左腕でうまくリードできず、空振りしたり、インパクト時にバットのヘッドが下がって力強いスイングができないことになる。また、左腕に比べて右腕の力が強すぎる場合には、インパクト時にこねてしまったり、押しこみが強すぎてしまい、せっかくいい当たりをしても打球が左へきれてファウルになりやすい。

そこへいくと、利き腕が右のバッターは左で打ったほうがミートしやすい。当然、右手のほうが握力があるだろうし力も強いため、バットを右腕だけで思いのままに操りやすいからだ。バットコントロールがスムーズにいけば、ミートポイントもブレることがなくなり、しっかりとバットの芯でボールをとらえることができる。バットの芯でジャストミートさえできれば、外野の頭を越すような打球を飛ばせなくても、内野や外野の間をぬく打球が生まれ、十分なアベレージを残せることになる。

左腕主導の場合
引き手

バッティングを主導する左腕の力が弱いと、バットコントロールが自在にいかず、いい当たりは期待できない。

右腕主導の場合
引き手

利き腕が右ならば、バッティングを主導する引き手が右腕になる左打ちのほうがジャストミートしやすい。

足は速いか

左バッターには、打ち終わった時点で体そのものが自然と一塁方向へ向くので一塁へのスタートがしやすい、右打席よりも左打席のほうが約１メートルも一塁に近い、といったメリットがあることを前章で述べた。さらに「足が速い」という要素が加味されれば、これほど有利なことはない。チームのなかで足が速いようだったら、迷わず左打ちに挑戦してみよう。

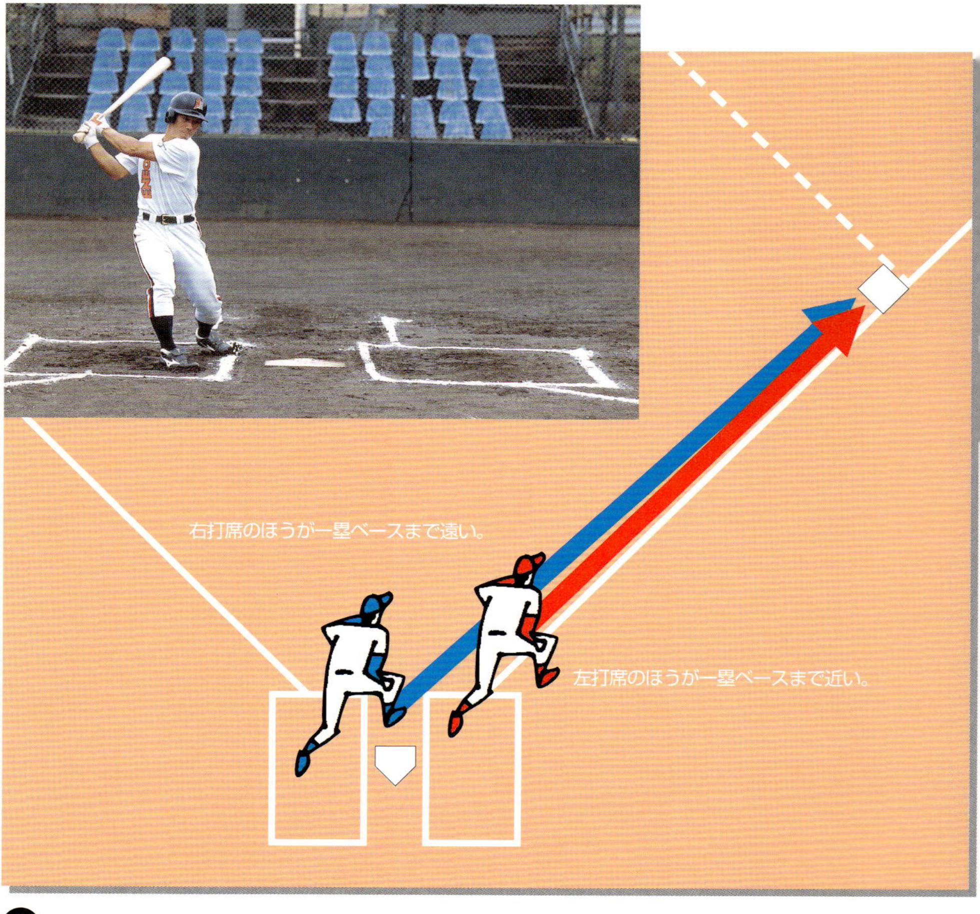
右打席のほうが一塁ベースまで遠い。
左打席のほうが一塁ベースまで近い。

●足が速い場合、左打席で打てば内野安打の率がグンと高まる

左打席のほうが一塁へスタートしやすく一塁に近い、といった有利さがあるということは、同じ内野ゴロを打った場合に、右打席で打ってアウトになっても左打席で打てば、間一髪のぎりぎりセーフになる可能性がきわめて高くなることを意味する。そのうえに足が速いとなれば、「ぎりぎりセーフ」が「余裕でセーフ」になるということも大いにあり得る。

Ⅱ 右投げ左打ち改造法

基礎トレーニング

左バッターとしての適性を生かした練習に取り組む

適性チェックが終わったら、
いよいよ本格的に「左打ち」への
改造である。利き目が右目、
利き腕が右腕、足が速い、
といった適性を最大限に生かした
練習に取り組むことによって
左バッターとして一人前になれるのだ。

左右のバランスをとる P.44

左腕で押しこむ P.46

素振りでフォームを固める P.48

可動範囲を大きくする P.50

センター方向へバットを放り出す

P.51

ペッパーでバットコントロールを磨く

P.54

ティーバッティングで振りこむ

P.56

バントの練習をする

P.52

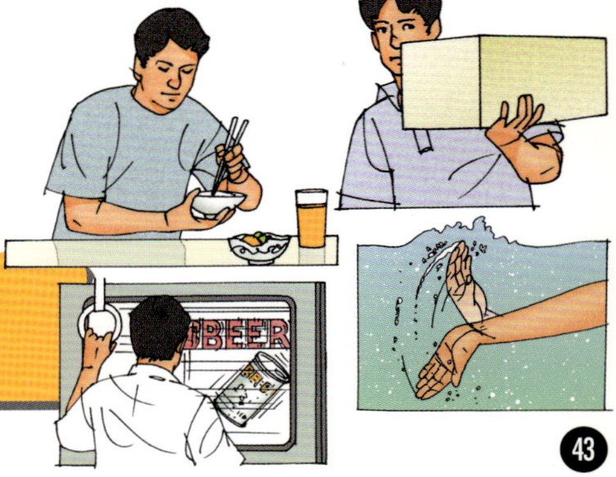

日常生活から意識して取り組む

P.60

左右のバランスをとる

利き腕が右のバッターは左で打ったほうがミートしやすく、しっかりとバットの芯でボールをとらえることができ、アベレージを残せるバッターになれることを前述した。さらに鋭い打球を飛ばすためには、右腕とのバランスをうまくとることが必要になる。

●両手でバットのグリップを絞りこむ

剣道の竹刀の素振りのように、体の中心線に沿って、バットを真上から真下へ振り下ろす。このときに、両手で雑巾を絞りこむようにグリップを絞りこみ、力をゆるめないで振り下ろすことによって、両手に力が均等に加わり、左右のバランスがよくなる。

1 右手を下、左手を上にしてバットを握り、振り上げる。

2 体の中心線に沿って、バットを振り下ろす。

3 グリップを絞りこむ。

●左腕でバットを押し出す

左手だけでバットの太い部分を持ち、グラウンドとバットを水平に保ったまま、自分の左肩口からまっすぐにピッチャー方向へ押し出す。この動作によって、自分の肩、腰もグラウンドに水平に移行するので、左半身の動きと右半身の動きのバランスを養うことができる。

1 バットを持ってバランスをとる。

2 肩口からピッチャー方向へバットを押し出す。

3 下半身はバッティング時と同じ動きになる。

●右腕だけでスイングする

バットを右手だけで持ち、そのまま素振りをする。もちろん、利き腕が右腕なのだからバットはスムーズに振れるだろうが、バットスイングの軌道の感覚を右腕に体得させることが重要なのだ。脇をしめ、手首の返し、フォロースルーなどを意識しながら体に覚えこませることによって、左右のバランスがよくなるからである。

1 右手だけでバットを持ち、脇が開かないように左腕で押さえる。

2 脇をしめたまま、右腕だけでバットスイングする。

3 下半身はバッティング時と同じ動きになる。

左腕で押しこむ

　バッティングの主導は引き手にあり、左打ちの場合は右腕が主導を果たすことになるため、バットコントロールもスムーズにいき、しっかりとボールをとらえることができる。ただし、インパクト時に左腕の「押しこみ」がないと鋭い打球はのぞめない。そこで、左腕で押しこむ練習も必要になる。下の図は、スイング時の両手の動きを示したものであるが、とくに左手の動きに注目してほしい。

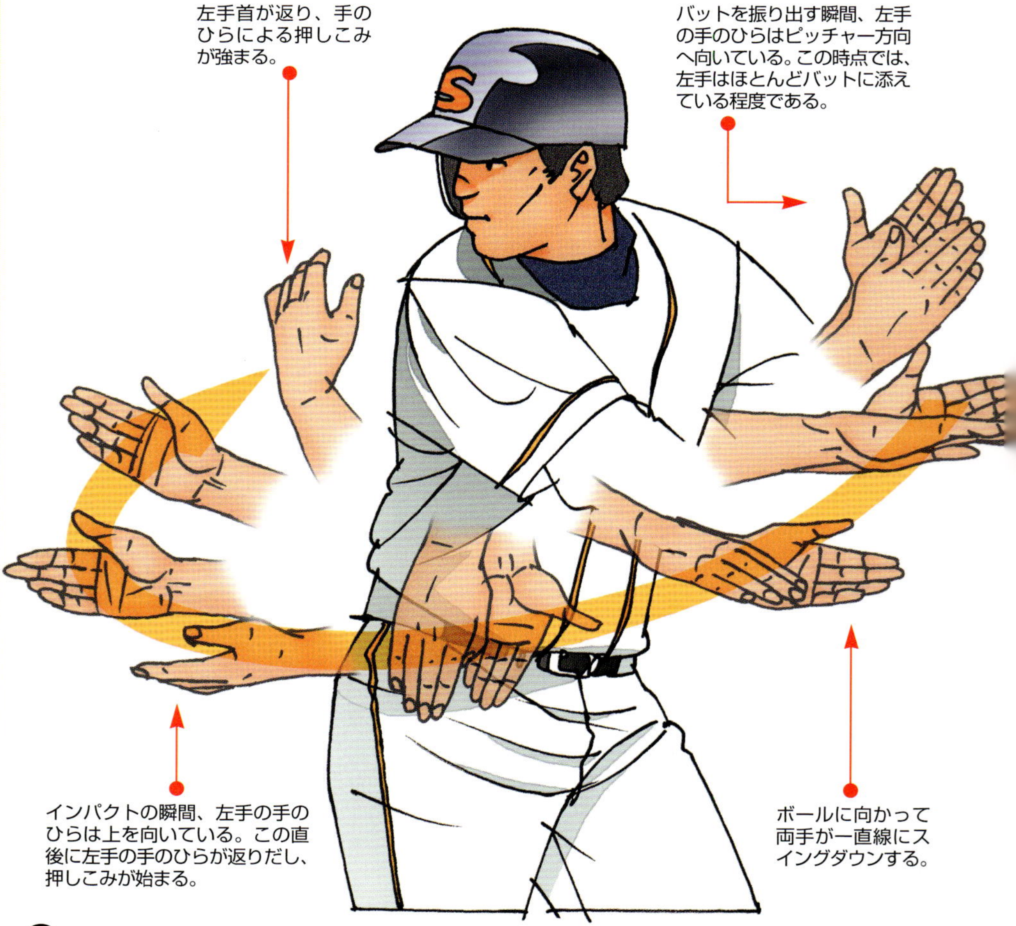
左手首が返り、手のひらによる押しこみが強まる。
バットを振り出す瞬間、左手の手のひらはピッチャー方向へ向いている。この時点では、左手はほとんどバットに添えている程度である。
インパクトの瞬間、左手の手のひらは上を向いている。この直後に左手の手のひらが返りだし、押しこみが始まる。
ボールに向かって両手が一直線にスイングダウンする。

●左腕だけでスイングする

インパクト時に左腕で押しこむためには、左腕でスイングする感覚も体得しなくてはならない。そこで、実際にバットを持って左腕だけでスイングしてみよう。手首の返し、左腕での押しこみがわかるはずだ。

左手だけでバットを持って構える。

両手でバットを持っている感覚でバットを出す。

実際にボールを打つ感じでスイングする。

スイングから、そのまま手首を返す。

●サンドバッグを叩く

「左腕で押しこむ」ということは、インパクト時にボールの勢いを受け止めて、そのまま押し返すことにつながる。そのためには、それなりの力がなくてはならない。しっかりとサンドバッグを叩いて、左腕の押しこみを体得しよう。

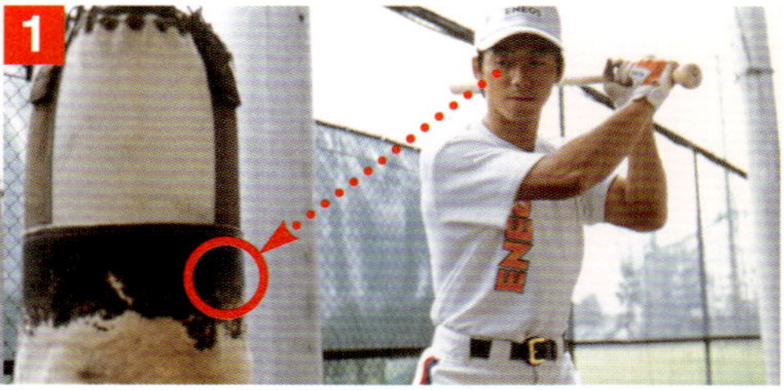

サンドバッグの一点をボールに見立てる。

しっかりとダウンスイングでバットを出す。

サンドバッグを叩き、インパクトの瞬間の感覚をもつ。

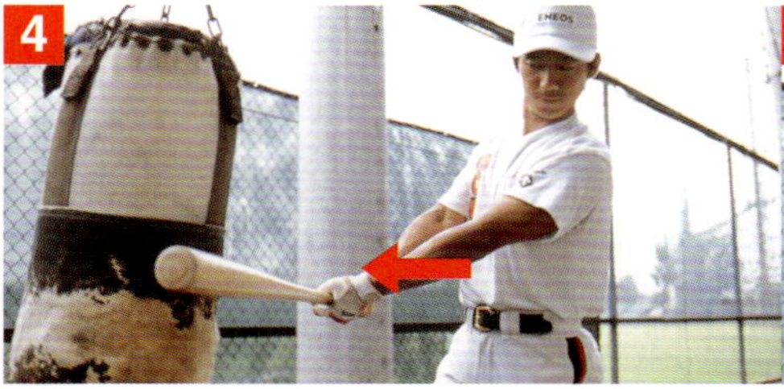

そのまま左腕に力を入れて、サンドバッグを押しこむ。

素振りでフォームを固める

投球を想像しながら、バットを振り出す。

バットをしっかりとインパクトに合わせる。

左腕でボールを強く押しこむ。このときブンと音がする。

そのままフォロースルーをとる。

バッティングフォームを固めることはもちろんのこと、スイングのスピードをつけ、力強いスイングをするための筋力をアップさせるためにも、素振りは欠かせない練習方法だ。バットを振りきったときに「ブン」と短い音が出るようになるまで、しっかりと振ることを心がけよう。

バットを構え、ピッチャーが投球してくるコース、球種を想像する。

実際にピッチャーが投球してくるのをイメージして、バックスイングする。

●逆手で素振りをする

通常、左打ちの場合には、主導を果たす引き手である右手でバットのグリップエンドに近いほうを握るわけだが、たまに右手と左手とを逆にして素振りしてみるのもよい。左右のバランスがとれることはもちろん、スイングの軌道を再認識できるはずだ。

引き手を左右逆にして素振りすることで、左右のバランスとスイングの軌道が体得できる。

可動範囲を大きくする

可動範囲が大きくなれば、そのぶん右腕の「引き」も強くなるだろうし、左腕の「押しこみ」も強くなる。そこで、できるだけ可動範囲が大きくなるような練習も必要になる。とくに、利き腕が右の場合、どちらかに可動範囲がかたよっているため、これが均等になるようにして、左右のバランスをよくすることがだいじになってくる。

自分の身長ぶんほどの長い棒を両肩にかつぎ、右に180度、次に左に180度、交互に体をひねる。

センター方向へバットを放り出す

左右のバランスがとれているかどうかを見る目安として、バットをセンター方向へ放り出してみよう。右手の引きが強すぎたり、左手の押しこみが強すぎると、バットはライト方向へ飛んでしまうし、逆に弱すぎればレフト方向へ飛んでしまう。バットがセンターへ飛ぶということは、バッティングの基本であるセンター返しも可能であるといえる。

1 ふつうのバッティングと同じようにバットをスイングし、インパクト時にバットを手から離す。

2 バットはまっすぐにピッチャー方向へ放たれる。

3 バットはマウンドへ。

4 バットはマウンドを越えてさらにセンター方向（二塁ベース）へ飛んでいく。

バントの練習をする

いかに「右腕を主導」にしてバットの芯でボールをとらえ、「左腕の押しこみ」でボールを打ち返せ、といっても、ボールをしっかりと「見る」ということができなければ、左バッターとして鋭い打球を打ち返すことはできない。そこで、投球を見る目を養うために効果的な、バントの練習をしてみよう。

バントをきっちりとやることによって、ボールをしっかりと見ることが自然に身につく。

●左バッターにバントの練習は欠かせない

右投げ左打ちの適性の一つに「足が速い」ということがあげられるが、バントは足が速い選手にとっては最大の武器であり、左バッターに改造するうえで、バントの練習は欠かせない。左打席できちんとバントができるようになったら、次にはセーフティーバントにチャレンジしてみよう。

通常のバッティングと同じように構える。

投球がきたら、体をピッチャーに正対させてバントの構えに入る。

後ろの足を前に出しながら、バットにボールを当てる。

一塁へスタートをきる。

ペッパーで バットコントロールを磨く

10メートルくらい離れたところからボールを投げてもらい、その投げ手にきっちりとボールを打ち返す練習方法だ。通常「ペッパーゲーム」と呼ばれている。正確なバットコントロールを磨くために最適の練習方法である。

●ワンバウンドで返す

投げてもらったボールは必ずバットの芯でとらえ、投げ手にまっすぐに打ち返す。理想はワンバウンドで投げ手に到達することであり、少々、まん中からズレたボールでもきっちりとワンバウンドで返せるように心がけよう。

きっちりとボールをミートして、
投げ手にワンバウンドで返す。

常にボールは上からたたく。

●ライナーで返す

ワンバウンドで返せるようになったら、次は投げ手にライナーで返してみよう。このワンバウンドとライナーをきちんと意識して打てるようになれば、かなりバットコントロールがよくなったといえるだろう。

きっちりとボールをミートして、
投げ手にライナーで返す。

１球１球に集中する。

ティーバッティングで振りこむ

ティーの上に乗せたボールを、正確にバットの芯でとらえて打ちぬくバッティングの練習方式を「ティーバッティング」という。コースに応じて、ティーの位置を動かして打つ。ピッチャーのモーションを想像し、ボールの軌道を頭の中に描きながら打つようにしたい。

ピッチャーのモーションを想像し、投球の軌道を頭の中に描く。
目はボールに集中させる。
自分の打ちたいコースに応じてティーの位置を動かす。
空振りやティーをたたいてしまったらどうしようかなどといった雑念を振り払って、力強くボールを打ちぬく。

●左ななめ前からのティーバッティング

自分の左ななめ前からトスアップしてもらったボールをネットに向かって打ちぬく練習で、バッティングのミートポイントを覚え、バッティングフォームを固める練習になる。

ななめ前からボールをトスアップしてもらう。

ミートポイントでボールを打ちにいく。

しっかりと打つ。

バッティングフォームをチェックする。

●右ななめ前からのティーバッティング

左バッターにとって、右肩が開いてしまったり、右ひざが割れて（外側に向く）、いわゆる「カベ」ができなくなることは致命的な欠陥である。そこで、自分から見て右ななめ前の方向からのティーバッティングによって、右肩の開きや右ひざの割れを防ごうというのがこの練習方法だ。

1 右ななめ前からボールをトスアップしてもらう。

2 右肩の開きや右ひざの割れに注意し、ボールを呼びこむ。

3 ミートポイントでボールを打ちにいく。

4 スタンスやステップに注意しながらボールを打ちぬく。

●真後ろからのティーバッティング

右投げ左打ちのバッターにとっての最大の欠点は、頭がピッチャー方向へ突っこむ、いわゆる「走り打ち」になってしまうことであり、これを防ぐ練習方法として、自分の真後ろからトスアップしてもらってのティーバッティングがある。

1 真後ろからトスアップしてもらう。

2 自分のミートポイントまでボールを呼びこむ。

3 スタンス、ステップに注意してバットスイングに入る。

4 しっかりとバットスイングする。

日常生活から意識して取り組む

右利きでありながら、左バッターへ改造するためには、右腕の引きを強くする、左腕の押しこみを強くする、左右のバランスをとるなどの技術的な練習が不可欠だが、日常生活からの取り組みも忘れてはならない。左バッターになることを意識して、左右のバランスをとるように努めることは何よりもだいじである。

●左手で箸を使う

左手で箸を使うことによって、指先の微妙な感覚を養う。

●重いものを左手で持つ

使いなれている右手を使うのでなく、なるべく重いものを左手で持つようにして左右のバランスをとりやすくする。

●電車の中から、駅名や看板を読む

走っている電車の車窓から、右肩越しに駅名や線路沿いの建物の看板などを読んで、動体視力を鍛える。

●お風呂の中でリストワークを鍛える

バッティング時の押しこみを強くするために、お風呂に入ったら浴槽の中で左手首を上下に振ることで鍛える。

LEFT-
HANDED
BATTER
RAINING & TECHNIC

III

コース・高さ別
左打ちの基本技術

スイングの基本

バットを最後までしっかりと振りきれ！

　スイングの基本は、右打ちも左打ちも変わることはない。基本は一つ。バットを構えた位置から最短距離でボールに届くようにスイングし、ただ合わせて当てるだけでなく、最後までしっかりと振りきることである。

3
アプローチ
前足のひざの内側に体重をかけて、ひざを開かないように、前足を着地させる。

7
フォロースルー
頭を残したまま、しっかりと振りきる。

6
手首を返す
両腕を伸ばしながら、両手首を力強く返す。

1

構えからバックスイング

肩、腰、ひざをグラウンドと水平に保ってリラックスして構え、投球に対して両肩、腰を水平に保ったまま、前足だけ後ろへ引きつける。

2

ステップ

体重を後ろ足に残しながら、体の反動をつけないで、前足をすべらせるようにステップする。

4

フォワードスイング

腰を鋭くねじり戻しながら、バットをミートポイントまでぶつけていく。

5

インパクト

バットをボールに当てる。このときの体重は前足8、後ろ足2の割合になる。

Bad!

走り打ちは左バッターの最大の欠点だ

左打席は右打席よりも一塁ベースに近いため、たとえ打ちそこないの打球でも内野安打になる可能性が高い。そのためついつい「走り打ち」や「当て逃げ」に陥りやすいが、頭が前へ突っこんでしまっては鋭い打球はのぞめない。

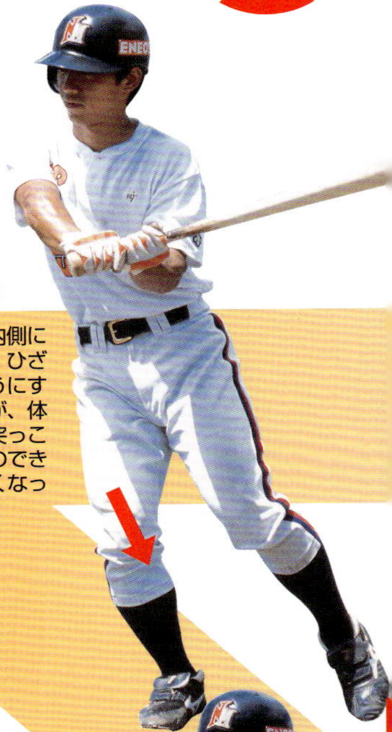

3 アプローチ
前足のひざの内側に体重をかけて、ひざを開かないようにすべきところだが、体が完全に前に突っこみ、スイングのできる状態ではなくなっている。

4 インパクト
バットをボールに当てる。すでに頭が前に突っこんで、体重も完全に前足に乗ってしまっている。

5 両腕を伸ばす
体が前のめりになってしまい、両手首を力強く返すどころか、手首をこねてしまっている。

6 フォロースルー
まったくフォロースルーをとらず、そのまま走り出している。

1

構える

顔をピッチャーに向け、肩、腰、ひざをグラウンドと水平に保ってリラックスして構える。

2

ステップ

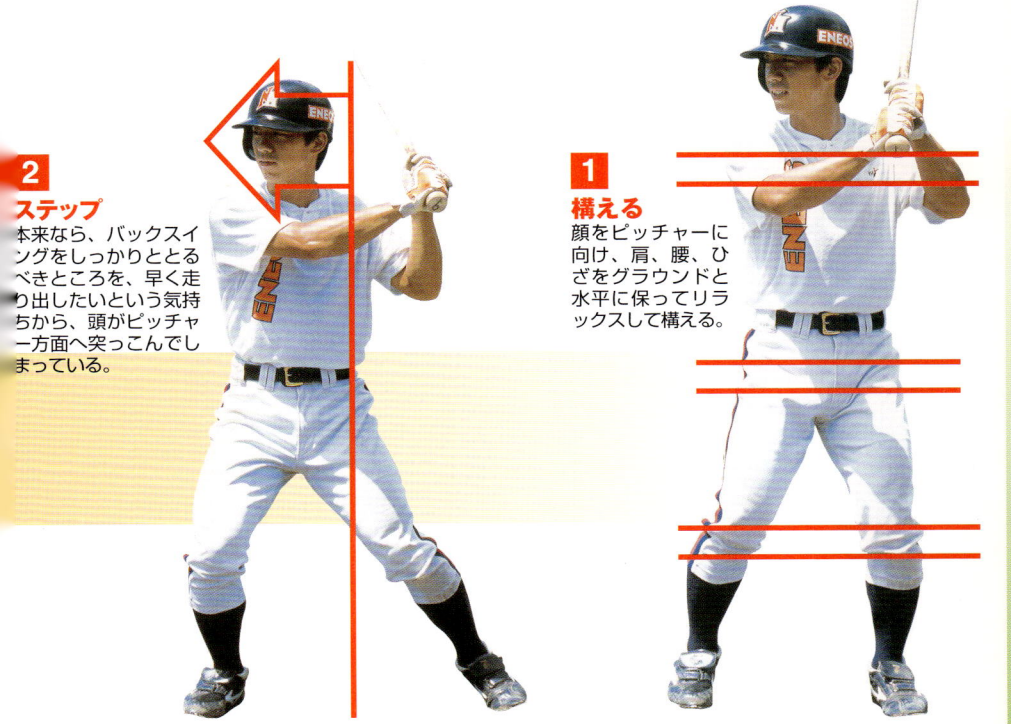

本来なら、バックスイングをしっかりととるべきところを、早く走り出したいという気持ちから、頭がピッチャー方面へ突っこんでしまっている。

●体の軸を動かすな!

バットスイングは体全体のパワーをバットに伝えることであり、それができてこそ鋭い打球が生まれ、飛距離も伸びる。そのためには体を力強く回転させなくてはならないが、その回転の軸となるのが頭を中心にまっすぐに伸びた背骨である。頭をしっかりと残してバットスイングするように心がけよう。体がきれいに回転すれば両腕もしっかりと伸び、バットは体の前を中心に大きな楕円の軌道を描くことになる。

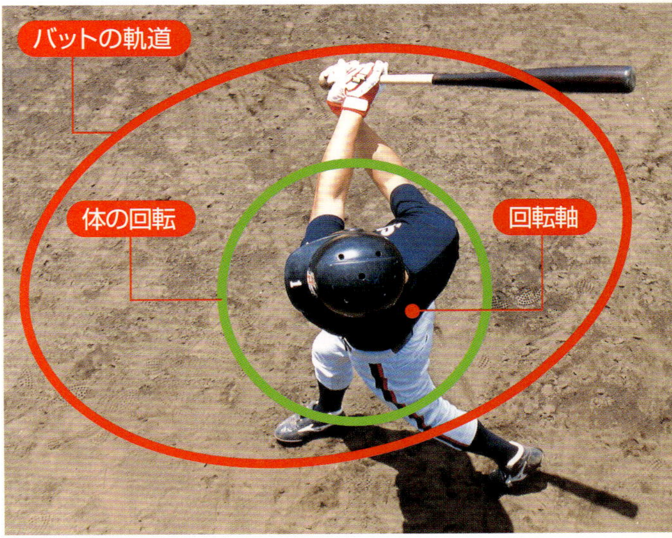

コース、高低によってミートポイントは異なる

ストライクゾーンは、インコース、真ん中、アウトコースの3つのコースに分かれ、そのコースの中に、高め、真ん中、低め、と、さらに3区分の高低に分けられる。つまり、大まかに9パターンのミートポイントがあり、この9パターンのミートポイントはすべて同じではなく、異なるということをインプットしておこう。

コースによるミートポイント

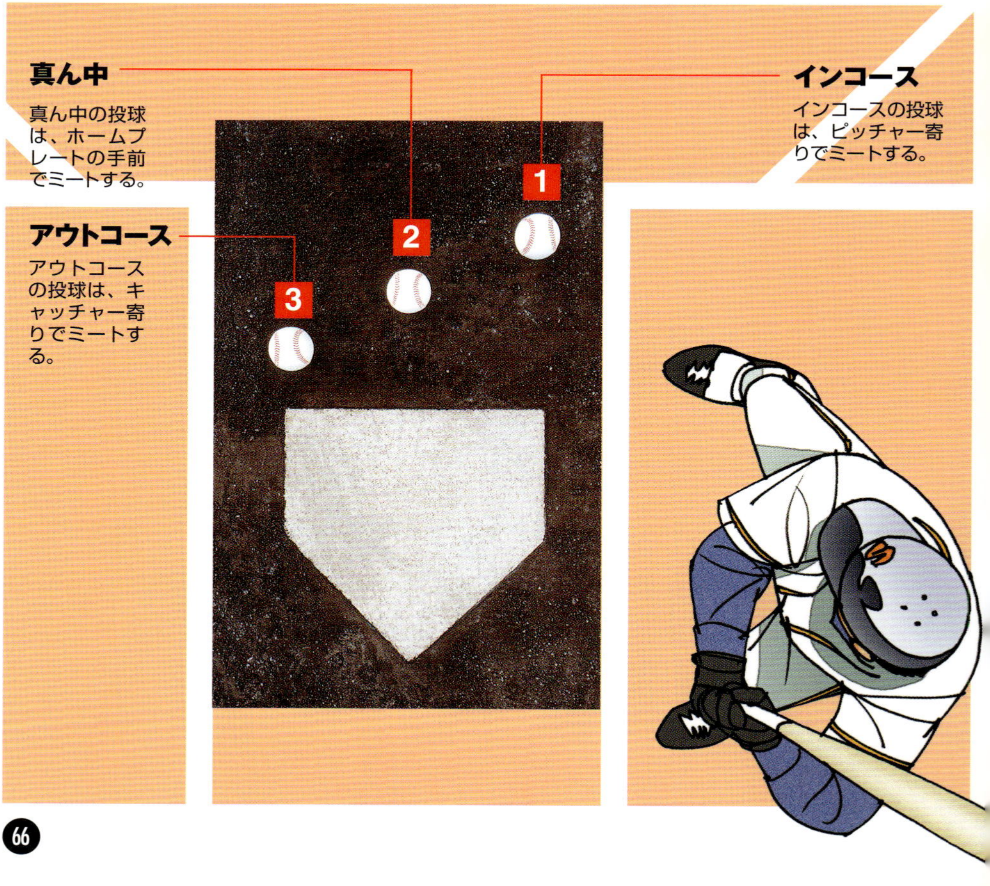
真ん中
真ん中の投球は、ホームプレートの手前でミートする。
インコース
インコースの投球は、ピッチャー寄りでミートする。
アウトコース
アウトコースの投球は、キャッチャー寄りでミートする。
1
2
3

高低によるミートポイント

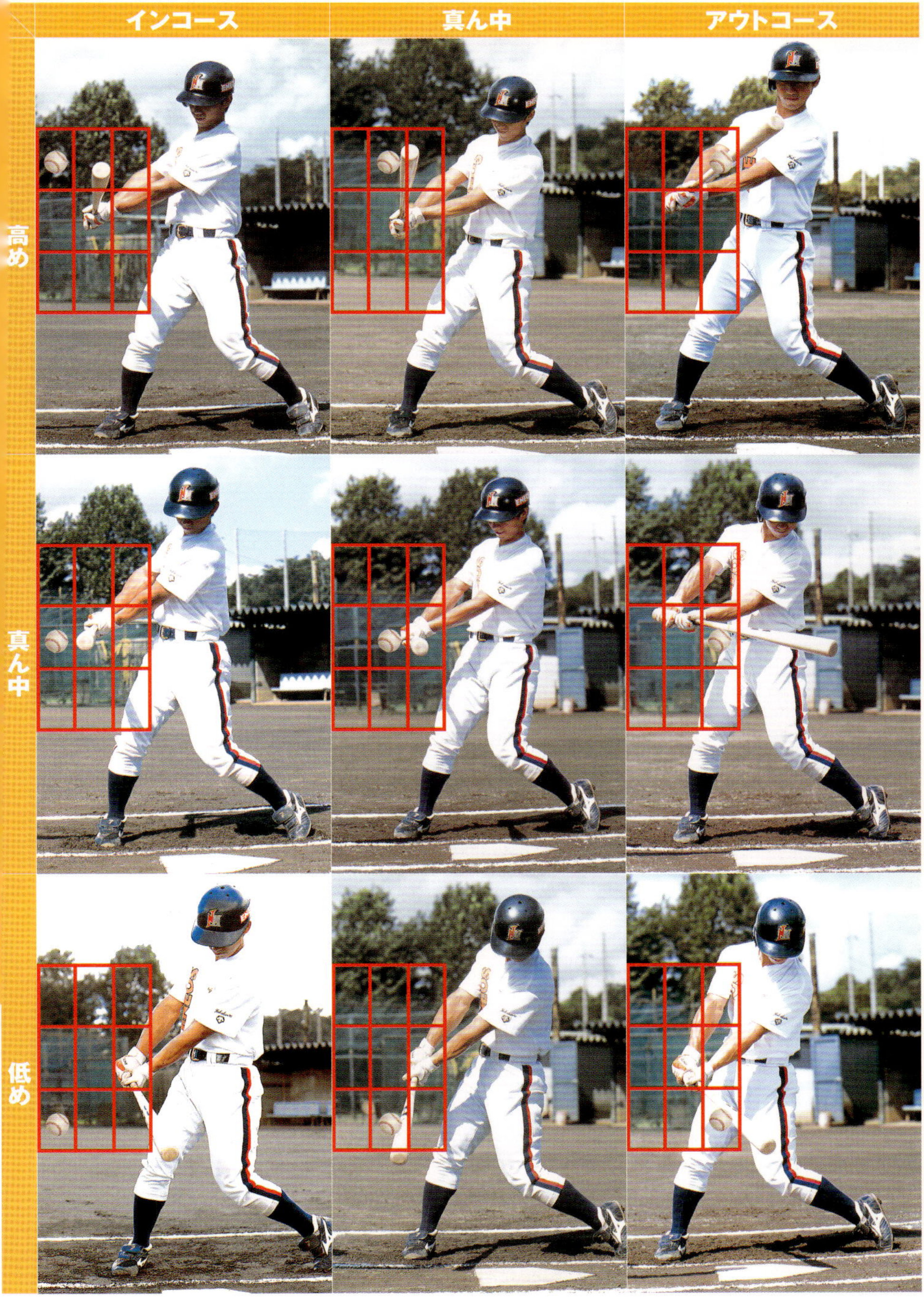

インコースの打ち方

インコースのボールはコンパクトに振りぬけ

インコースのボールは体の近くにくるため、
恐怖心にかられることもあるだろうが、
腰を引いたり、体を開いたりすることなく、
脇を締めてコンパクトにスイングすれば長打も狙える。

右投手の高め ストレートを打つ

P.74

右投手の低め ストレートを打つ

P.70

右投手の真ん中 ストレートを打つ

P.72

左投手や 変化球を打つ

P.76

右投手の低めストレートを打つ

右投手の投げてくるインコース低めのストレートは、左バッターのひざ元にくいこんでくるため、非常に見づらい。打ちにくくて当たり前といってよいだろう。そこで、ボールから決して目を離さずに、腰の回転をきかせたスイングを心がけなくてはならない。

●ミートポイントを前に置いて振りぬく

インコース低めのストレートはつまった打球になりやすく、ミートできても打球が上がりにくい。したがって、真ん中のストレートを打つときよりも前（ピッチャー寄り）でミートし、しっかりと腰の回転をきかせてライナー性の打球を打つようにしよう。

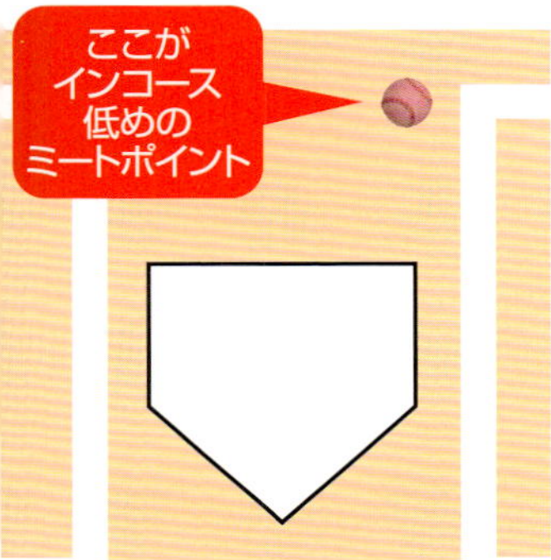

ミートポイントはピッチャー寄りになる。

●体が突っこんだら、絶対に打てない

インコース低めのストレートはつまった打球になりやすいということで、真ん中のストレートを打つときよりも前（ピッチャー寄り）でミートしようとするあまり、気持ちが焦り、体が前（ピッチャー寄り）に突っこんでしまうということがある。

体が前に突っこめば、頭も前に突っこむことになり、ボールを迎えにいく形になる。こうなるとボールはますます見づらくなるし、体の回転軸がブレて腰の回転をきかせたスイングはまずできない。たとえバットにボールが当たってもボテボテのゴロか、空振りもあり得る。

体が前（ピッチャー寄り）に突っこんでしまっている。

Basic batting

右投手の真ん中ストレートを打つ

　ピッチャーがインコースへ投げてくる意図はバッターに腰を引かせるためだが、体に近いぶんよく見えるので、きっちりと正しいスイングをすることによって、長打も狙えるということを知っておこう。

●左ひじを体につけたままコンパクトに振りぬく

インコースの真ん中周辺にストレートがきたら、決して腰を引いたり、体を開かずに脇を締め、左ひじを体につけたままの感じでコンパクトにスイングすることだ。きちんと振りぬきさえすれば長打になる可能性も十分にある。もちろん、ミートポイントは前（ピッチャー寄り）である。

左ひじを体につけて大振りをせず、小さい（コンパクト）スイングで打つ。

●さしこまれたら、打球は飛ばない

インコースの真ん中のボールは目に近くなるだけに見やすい。その反面、恐怖心も起こり、つい体が早く開いたり腰が引けるが、そうなるとバットのヘッドが出なくなって、ボールにさしこまれやすくなる。

また、体が開かないように意識しすぎても、振り遅れたり、さしこまれてポップフライということもあるので、あくまでもミートポイントを前に置いて打つことに集中すべきである。さらに、長打を狙うあまり大振りするようでは、インコースの投球は決して打つことができないことを肝に命じておこう。

体を開きたくないという気持ちが、振り遅れにつながり、ボールにさしこまれる。

インコースの打ち方

Basic batting

右投手の高めストレートを打つ

右投手の投げてくるインコース高めのストレートも、低めのストレート同様に打ちにくい。とくに、速いストレートには振り遅れたり、バットの根元のほうにボールが当たり、凡打になるケースが多い。高めのボールで勝負してくるピッチャーに対しては、あらかじめ高めにくることを意識しておくことがだいじである。

●バットのヘッドを立てて振りぬく

インコース高めのストレートに対しては、力負けしないように、しっかりとバットのヘッドを立てて振りぬくようにしよう。両腕をたたみ、鋭く腰をひねって、真ん中のボールよりも前（ピッチャー寄り）でミートする。ライトスタンドまで打球を飛ばすくらいの気持ちで思いきり振りぬくことだ。

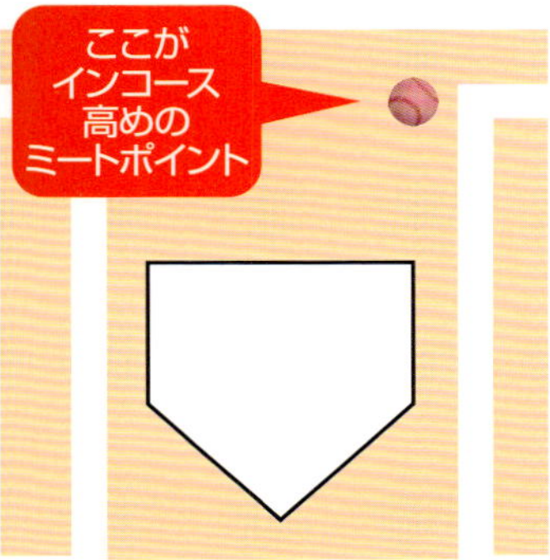

手首とバットの角度が９０度になり、バットのヘッドが立っているよい例。

●右ひじが上がるとバットのヘッドが下がる

高めのボールを打つ際に犯しがちなのが、ピッチャー寄りのひじ（右ひじ）を上げてしまうことだ。右ひじが上がるとボールを迎えにいく形になり、バットのヘッドが下がって、ヘッドが遠回りをするドアスイングになってしまう。これだと、下半身を使うことはできない。ただ当てにいくだけのスイングになるばかりか、最悪、空振りということになるだろう。

高めのボールは、しっかりと打ちさえすれば長打も期待できる。脇を締め、右ひじを体につけるような感じで、バットのヘッドを立て気味にして思いきり振りぬこう。

右ひじが上がり、バットのヘッドが下がっている悪い例。

左投手や変化球を打つ

●左投手に対してはオープンスタンスで立つ

　左バッターにとって左投手のボールは、背中のほうから投げられてくるような感じがして見づらいものだ。インコースへ投球されると、なおさら見づらい。そこで、最初からオープンスタンスで立つというのも方法である。

オープンスタンスで立つことによって、左ピッチャーのリリースポイントが見やすくなる。ただし、極端に開くとアウトコースの投球が打ちにくくなるので、この写真程度がよい。

前の足を少し開いたオープンスタンス。

ふつうのスクエアスタンス。

●右投手の変化球はよく見える

右投手の投球は、左バッターに対して対角線に向かってくるので、かなり見やすい。ということは、右投手の投げたスライダーやカーブは自分のほうに向かってくるために、タイミングがとりやすく、さばきやすいといえる。

インコースにくいこんでくるスライダーやカーブに対しては、腕を縮めて、わずかに体を開きながらスイングすれば、比較的楽に打てるというわけだ。要するにそれだけ、バットとボールとの距離がとりやすく、自分のなかでの調節が可能になるのである。

自分のほうに向かってくるボールに対して、タイミングを図る。

●ホームプレートから離れて立つ

カーブやスライダーなどの変化球を得意としている右投手に対しては、あらかじめホームプレートから離れて立つ、というのもよいだろう。なぜなら、右投手が投げてくるスライダーやカーブは自分のほうに向かってくるため、ただでさえよく見ることができて、タイミングがとりやすいわけだから、インコースいっぱいに曲がったり、落ちてくるボールを少しでも自分の見やすい位置にすれば、さらに見ている時間に余裕ができ、打ちやすくなるというわけだ。ほんの少しでいいから、ホームプレートから離れ、キャッチャー寄りに立ってみよう。

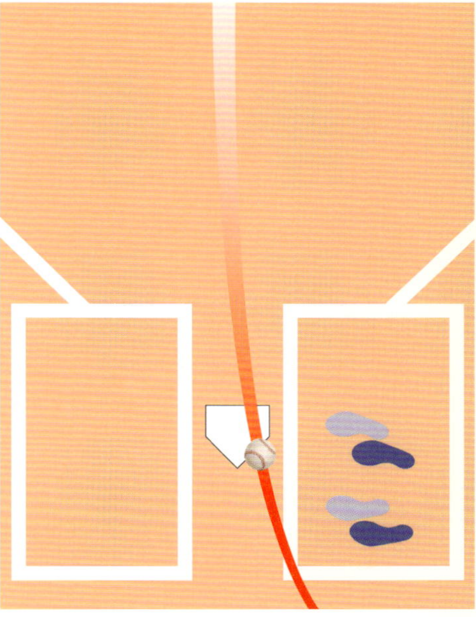

ホームプレートにくっついて立っていると、ひざ元へ曲がり落ちてくる変化球が見づらくなるので、半歩分後ろへ下がって立つほうが有利だ。

III コース・高さ別左打ちの基本技術

真ん中のコースの打ち方

真ん中のボールに対しては積極的に打っていけ

真ん中のボールは、バットがスムーズに出る距離にミートポイントがあるため、インコース、アウトコースに比べたらとても打ちやすい。それだけに、どんどん積極的に打っていくべきである。

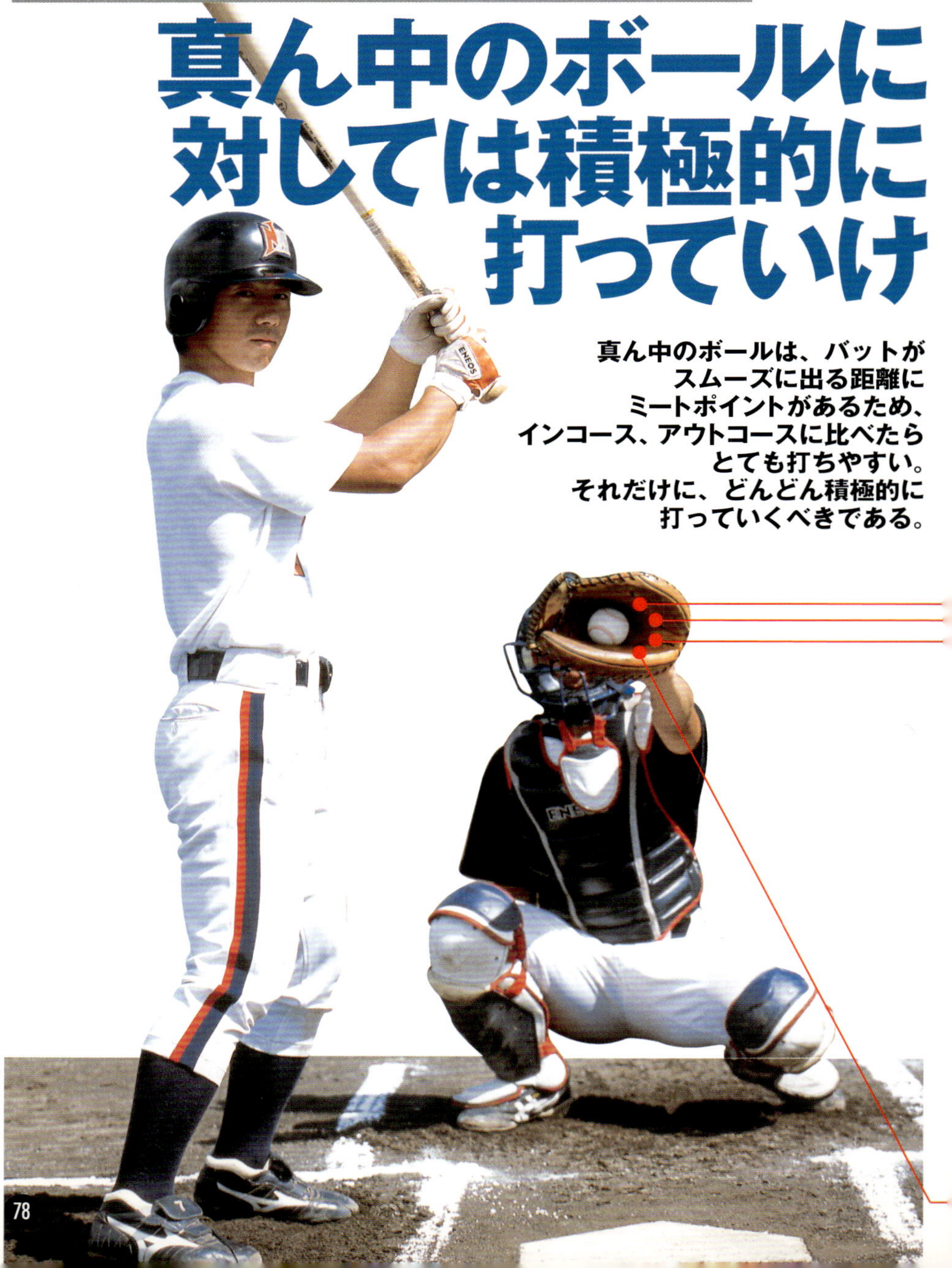

右投手の高めストレートを打つ

P.84

右投手のど真ん中ストレートを打つ

P.82

右投手の低めストレートを打つ

P.80

左投手や変化球を打つ

P.86

右投手の低めストレートを打つ

低めのボールをそのまま打てば、ゴロになる場合が多い。ピッチャーもゴロを打たせようという意図をもって、低めにボールを投げてくるわけだから、そのまま打ったのではピッチャーの思うツボというわけだ。そこで、この低めのボールはしっかりと「上げる」ことを意識して打とう。

●右ひざでしっかりと「壁」を作って振りぬく

低めにボールがくると、その高低に合わせるかのようにひざで調節して、ついつい前（ピッチャー寄り）のひざを曲げたくなるが、ひざを曲げてしまうと、鋭い打球を打つことはできない。ひざは伸ばしたまま、しっかりと「壁」を作ってアッパースイング気味にバットを振りぬこう。

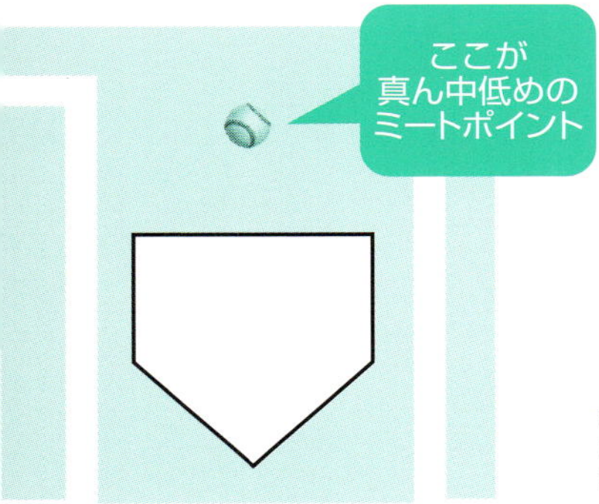

右肩と右ひざで「壁」を作る。

●右ひざを曲げると「泳ぐ」結果になる

バントは高低に合わせてひざで調整するが、バッティングではその必要はない。前のひざを曲げると、いわゆる「泳ぐ」状態になって、鋭い打球を打つことができなくなる。

Bad!

完全に「泳いだ」状態になってしまった。

前のひざを曲げたために、前傾姿勢になってしまう。

低めのボールを打とうとして、体を沈めにいっている。

真ん中のコースの打ち方

右投手のど真ん中ストレートを打つ

ど真ん中のボールはバッターからみれば「絶好球」であるが、ピッチャーからすれば「失投」である。バッターとしては、ただ素直に基本通りのバッティングを心がけ、センター方向へ打ち返せばいい。

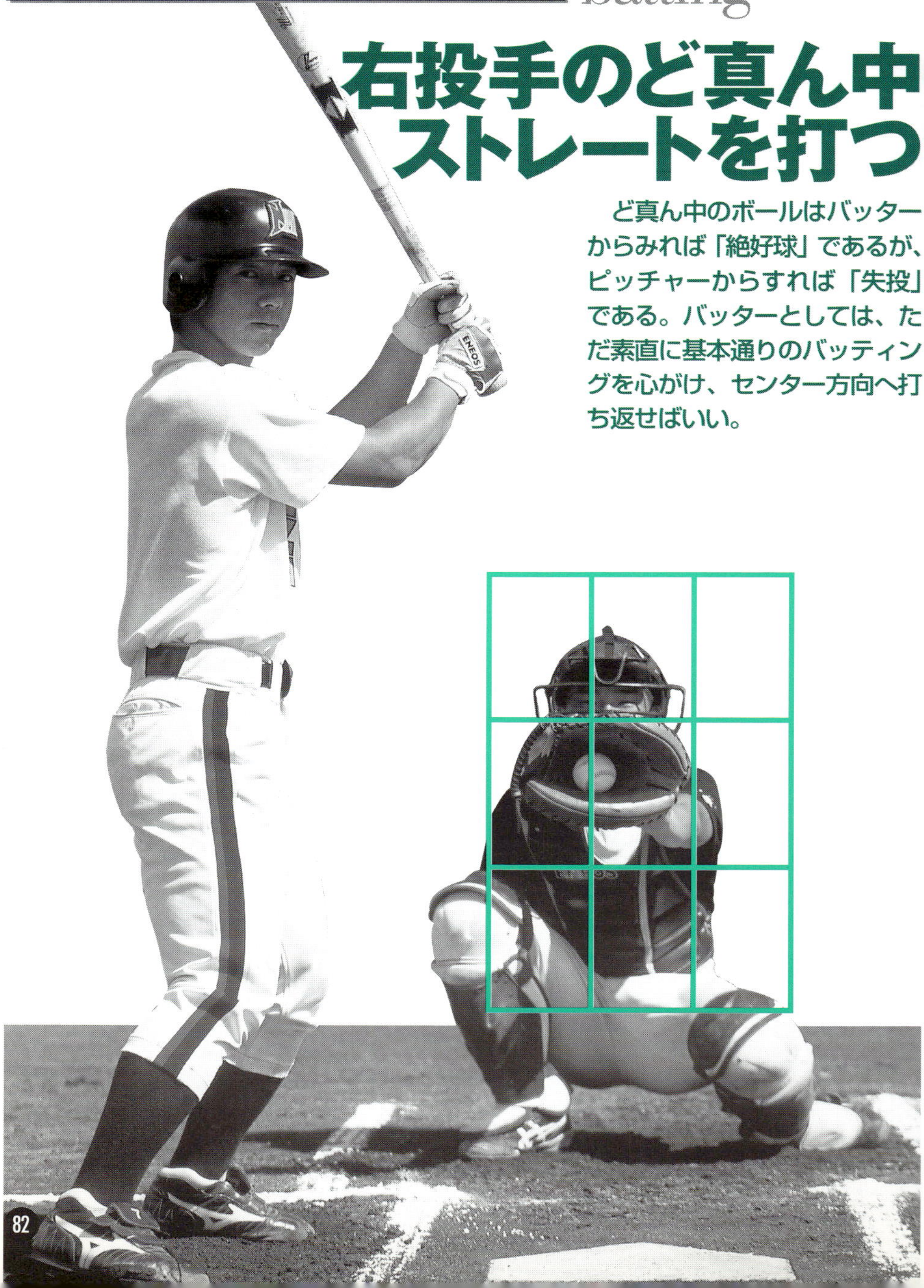

●バットをレベルスイングで振りぬく

ど真ん中のボールは、バッティングの基本中の基本ともいえるボールであるから、そのままバッティングも基本通りに打てばいい。肩、腰はもちろん、バットも地面に水平にまわす、いわゆる「レベルスイング」で打つ。長打は難しいが、打球は鋭いライナーとなってセンター方向へ飛んでいくはずだ。

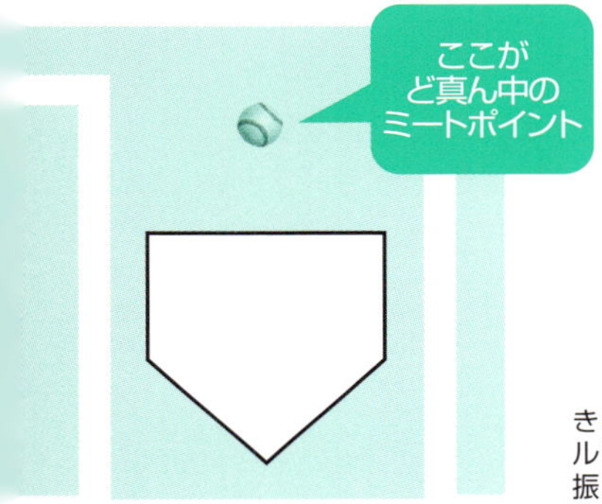
ここが
ど真ん中の
ミートポイント

きれいにレベルスイングで振られている。

●力があるなら右中間へ打ち返す

力に自信のあるパワーヒッターであるなら、右中間を狙ってみよう。ただし、「引っ張る」ことを意識しすぎるとリキんでしまうので、あくまでも「打ち返す」くらいのつもりで、コンパクトなスイングを心がけることがだいじだ。

1

腰の回転で上半身をリードする。

2

ホームプレートよりも前でボールをとらえる。

3

左腕で押しこんでいく。

右投手の高めストレートを打つ

高めにきた半速球は、ほとんどがピッチャーの「失投」であるから、これを見逃す手はない。思いきって長打を狙って、バットを振りぬいていこう。

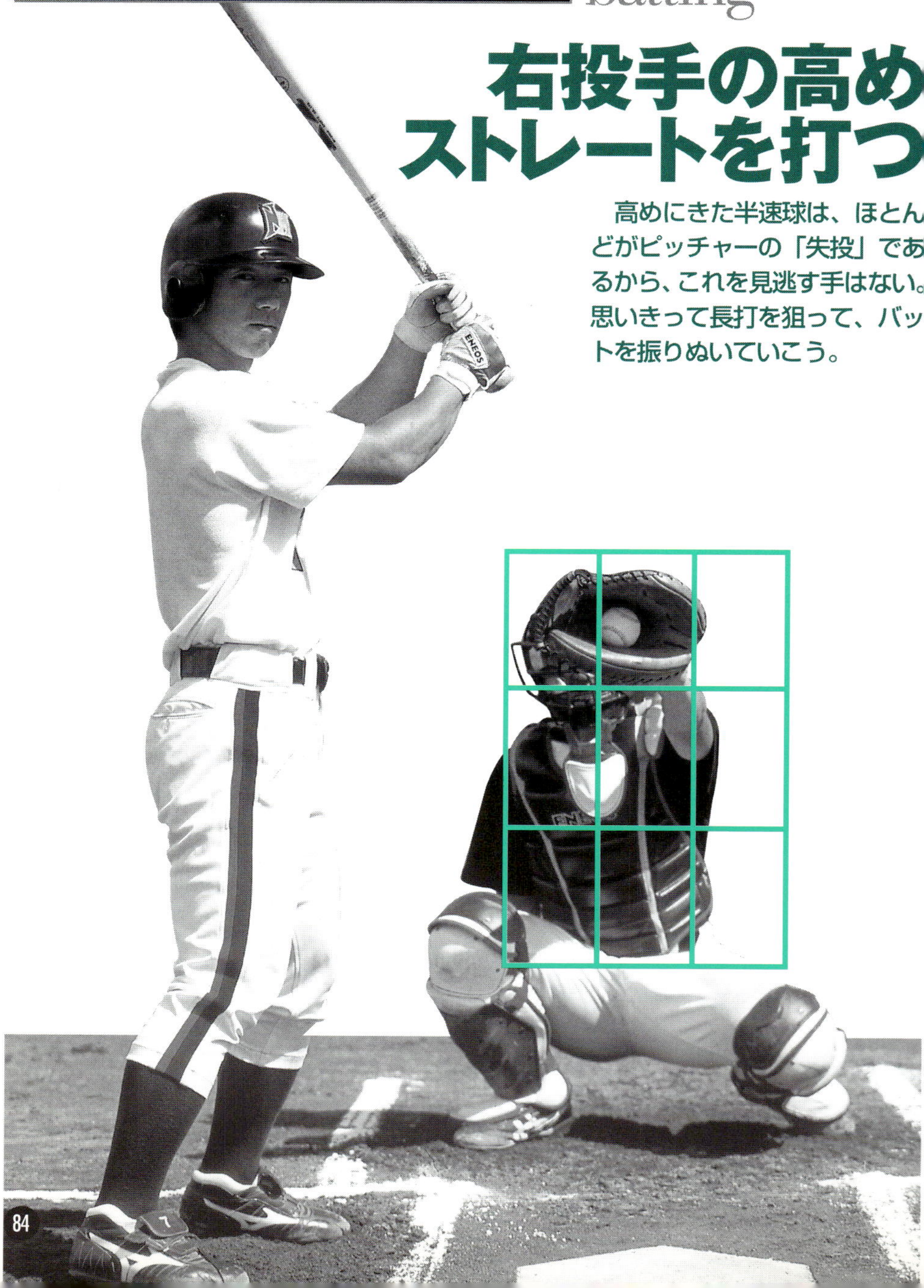

●バットのヘッドを立てて、レベルスイングで振りぬく

長打を狙おうとするあまり、バットを振り上げようとすると手首が折れ、バットのヘッドが下がってしまって打ち損じる。右ひじは上げずに脇を締め、上からたたくような意識で、バットをレベルスイングで振りぬこう。インパクトはやや早めに、ピッチャー寄りでよい。

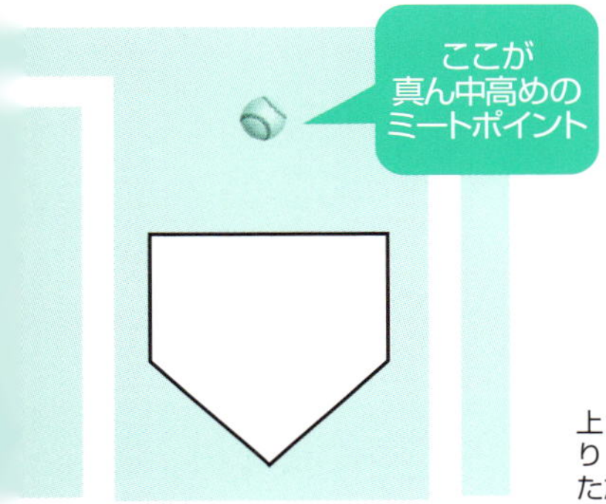
ここが
真ん中高めの
ミートポイント

Good!

上からしっかりとボールをたたいている。

●ヘッドアップしたらバットは振れない

ボールが高いからといって、アゴを上げてボールを見てしまうと、ヘッドアップしてしまい、目がボールから早く離れてジャストミートが困難になる。たとえ、バットでボールをとらえることができても、腰が浮き、右ひじが上がってしまっているため、バットのヘッドが下がってしまい、ボールを力強く打ち返すことができない。その結果、ファウルになったり、ポップフライやボテボテのゴロになってしまう。最悪の場合は空振りもあり得る。

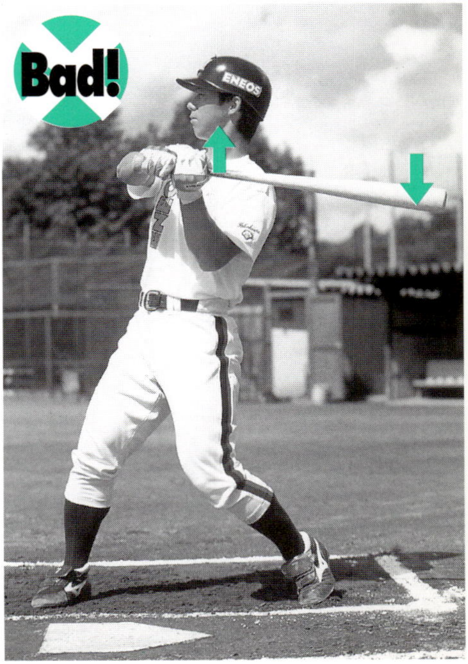
Bad!
ENEOS

アゴが上がり、重心が後ろに残ったままになっている。

左投手や変化球を打つ

●左投手の曲がりながら落ちてくる変化球への対応

左投手に対しては、インコースの対処法と同様にあらかじめオープンスタンスで立つが、真ん中のコースには、ヨコに鋭く曲がるスライダーやシュートといった変化球よりも、タテに曲がりながら落ちるカーブやチェンジアップ、フォークボールなどの変化球が多い。そこで、高めから落ちてくるボールに対しては、絶対にアゴを上げたり、右ひじを上げないことがポイントになる。

高めのボールに対してもアゴが上がっていない。

脇がしっかりとしまっている。

ヘッドアップ

ヘッドアップすると、重心が後ろに残ったままになる。

右ひじが上がる

右ひじが上がると、バットのヘッドが下がる。

●右ひざの「壁」をくずさない

目の前でボールが落ちると、反射的に右ひざを折って低めのボールにバットを当てようとしがちだが、「壁」をくずしてしまったら、たとえ、ボールにバットを当てることはできても、ヒット性の打球を打つことはできない。

右ひざを折ると壁が作れない。

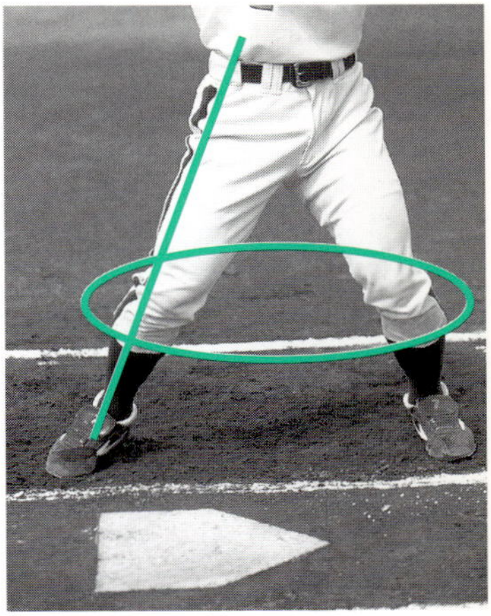

右ひざは折らない。

●ボールになる変化球には手を出さない

落ちる変化球のほとんどは、ストライクゾーンからボールゾーンへ落ちる「ボール球」が多い。そこで、低めぎりぎりにきたボールには手を出さないというのも、一つの変化球攻略法である。

ボールゾーンに落ちるボールを振りにいくと空振りする。

ボールゾーンに落ちるボールには手を出さない。

アウトコースの打ち方

アウトコースのボールは手元まで引きつけ、逆らわずに打ち返せ

アウトコースはバッターから遠いために、ボールが見づらいし、バットも届きにくい。したがって、十分に手元まで引きつけ、コースに逆らわないようにして左方向へ打ち返そう。

右投手の低めストレートを打つ

P.90

右投手の真ん中ストレートを打つ

P.94

右投手の高めストレートを打つ

P.96

左投手や変化球を打つ

P.100

アウトコースの打ち方

Basic batting

右投手の低めストレートを打つ

アウトコース低めのボールは、バッターにとって、もっとも目から遠いところにあたるので、打球がヒットになる確率もきわめて低い。バッターとしては、よく引きつけてから打つようにしよう。

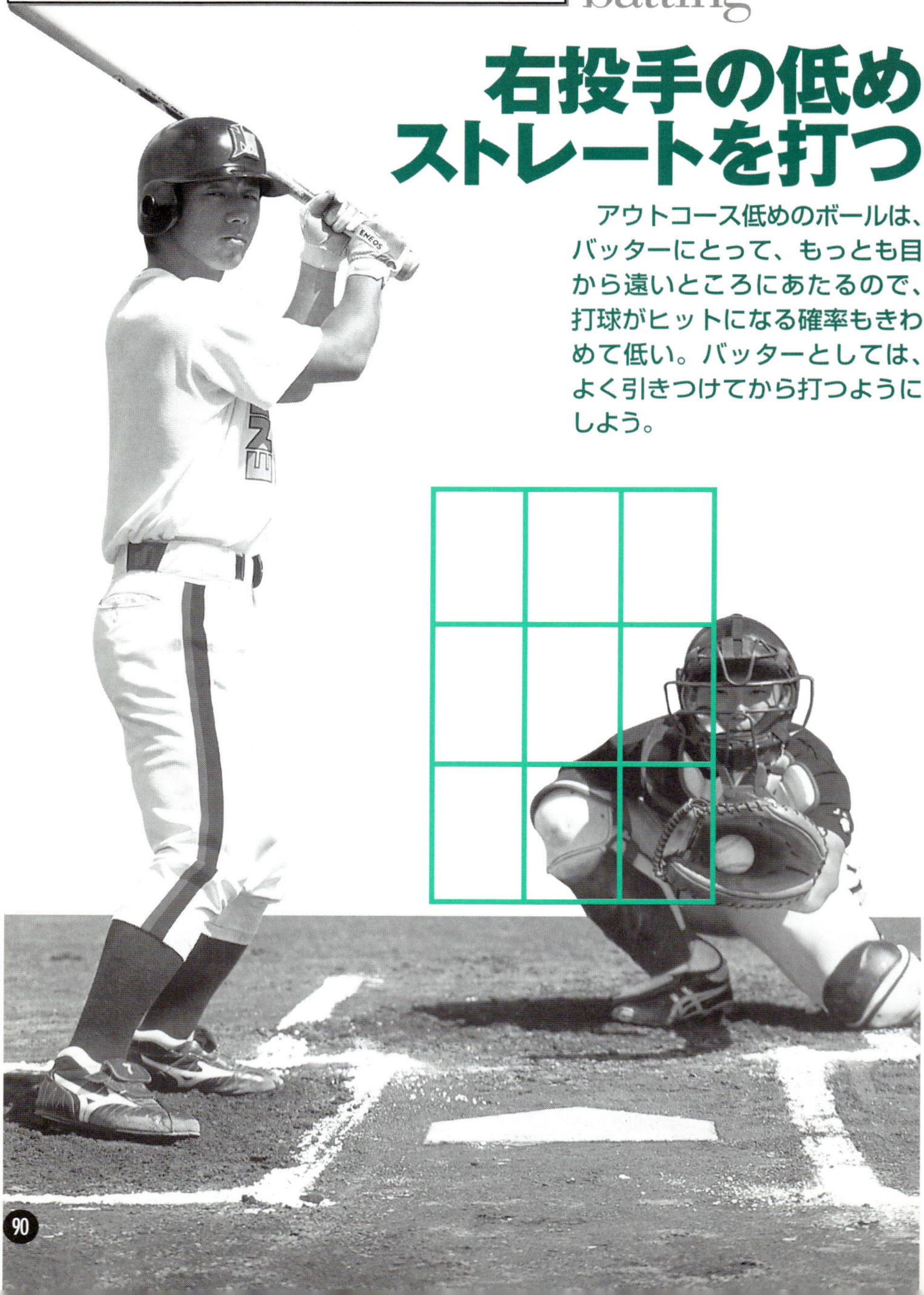

●無理に引っ張ろうとしない

アウトコースの低めのボールを打つときには、ミートポイントをできるだけ引きつけ、腰の開きを遅くして、バットを構えている位置からそのまま振り下ろしながら両腕を伸ばす。無理やり引っ張ろうとすると、腰の開きが早くなって空振りもあり得るので、レフト方向へ流すようなつもりでバットを出そう。

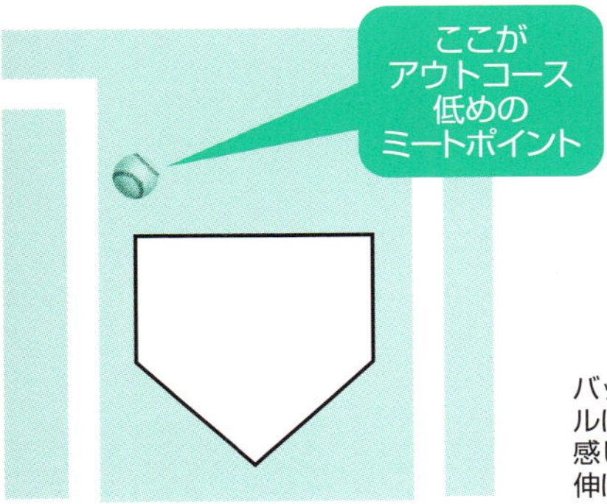

バットをボールにぶつける感じで両腕を伸ばす。

●重心を後ろに残していては打てない

両腕を伸ばしてやっと届くところにあるボールを打つためには、当然、重心はつま先側、ピッチャー寄りにかかる。これが逆にかかと側やキャッチャー寄りに重心がかかっては、下半身のパワーを上半身に伝えることができず、鋭い打球を打つことができない。

重心がキャッチャー寄りに残ったまま。

重心がかかと側に残ったまま。

流し打ちの方法 1

3

前足のひざの内側に体重をかけて、ひざを開かないように注意しながら、バットをミートポイントまでぶつけていく。

4

バットをボールに当てる。

7

頭を残したまま、しっかりと振りきる。

8

さらに振りきるが、このフォロースルーがあってこそ、打球はきれないでフェアゾーンへ入る。

●アウトコース低めのボールをレフト方向へ引っ張る

　アウトコースのボールの打ち方で、明らかに右バッターと左バッターとで違うのは、左バッターにとってアウトコースの投球は「引っ張る」ように「流し打ち」ができることにある。ここでは連続写真を使って説明しよう。

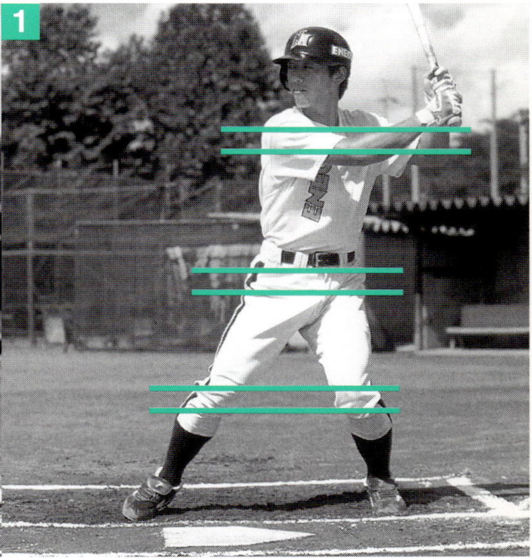

顔をピッチャーに向け、肩、腰、ひざをグラウンドと水平に保ってリラックスして構える。

手元まで十分にボールを引きつける。

両腕を伸ばす。

ボールを強く引っ張るように両手首を力強く返す。

右投手の真ん中ストレートを打つ

アウトコースの真ん中のボールは低めほどでないにしても、ピッチャーにとっては自信を持って投げてくるボールの一つである。やはり、腰を入れにくく、手を伸ばしただけのドアスイングになりがちだ。これではまずヒットはのぞめない。ひじを曲げ、ボールをよく引きつけ、脇を締めて打つことがだいじだ。手打ちだけのドアスイングにならないように注意しよう。

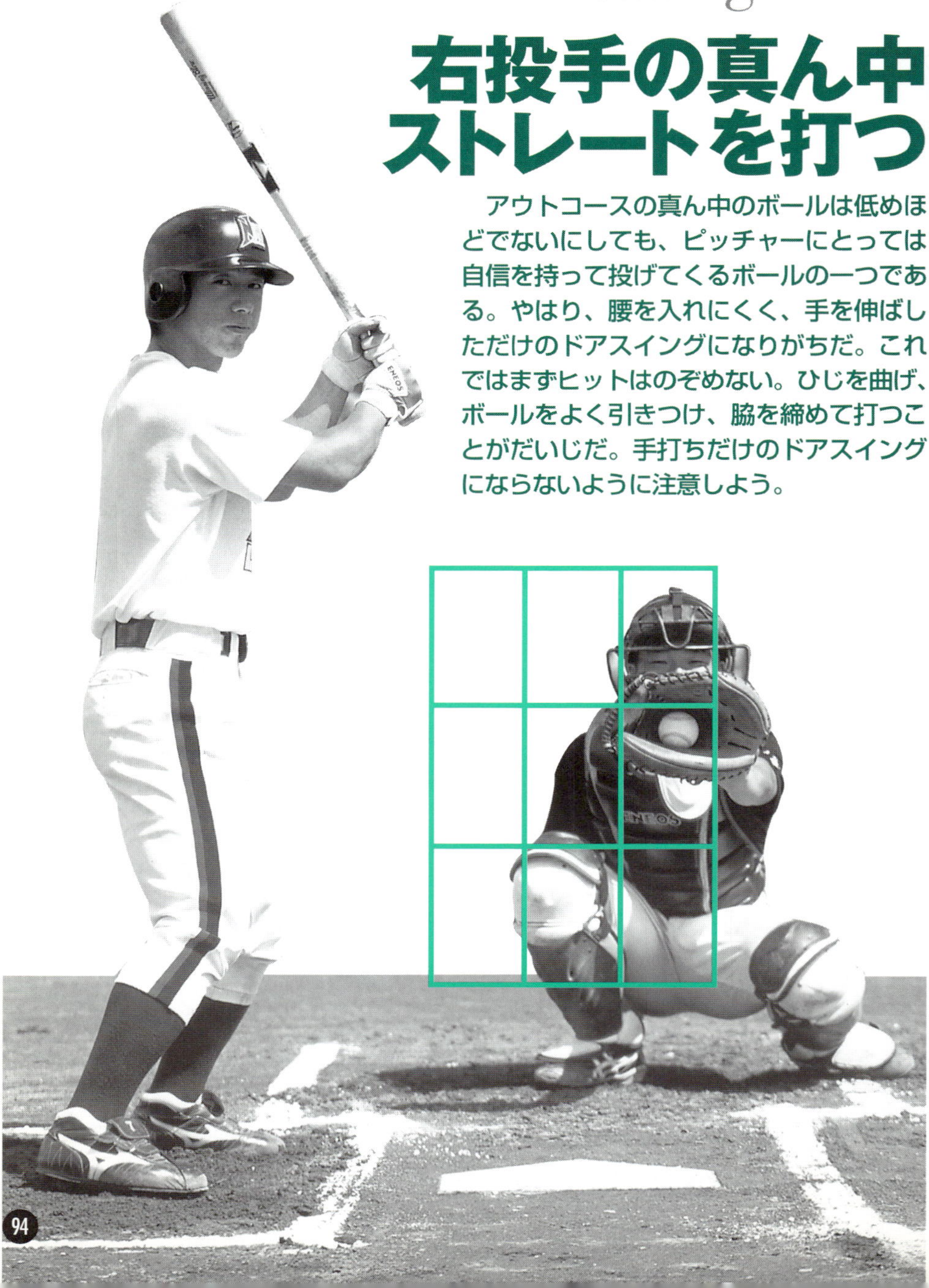

●左ひじを曲げて、脇を締めて打つ

ドアスイングにならないためには、まず、ボールをしっかりと見て、ホームプレートの手前まで引きつけることだ。次に、左腕が伸びてしまわないように、ひじを曲げて脇を締め、腰から始動させることである。ミートしてから左腕を伸ばせば、打球は鋭い当たりで飛んでいくだろう。

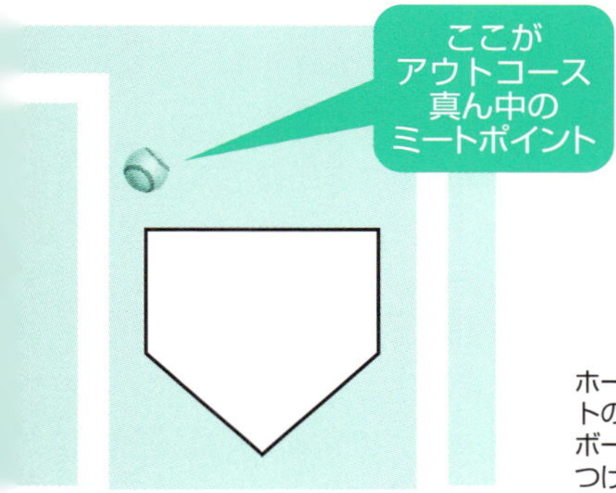

ホームプレートの手前までボールを引きつける。

●インステップ気味に踏みこんで打つ

基本的にステップはピッチャー方向へまっすぐに踏みこみたいが、アウトコースいっぱいのボールに対してはインステップ気味に踏みこんで打ったほうが腰の入ったバッティングができる。よくボールを見定めたうえで、インステップするのがポイントだ。

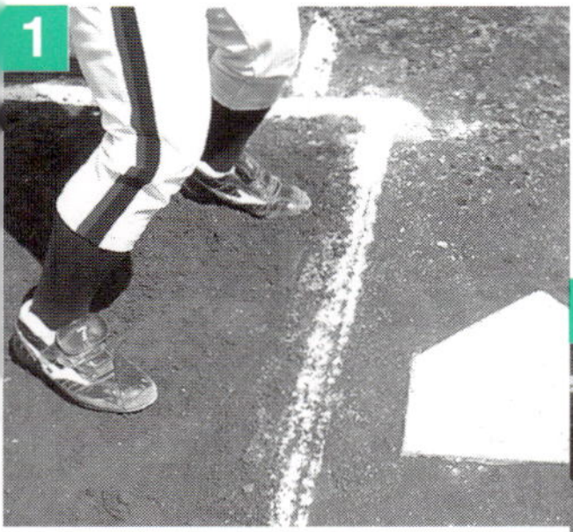

ピッチャーの投球を待つ。

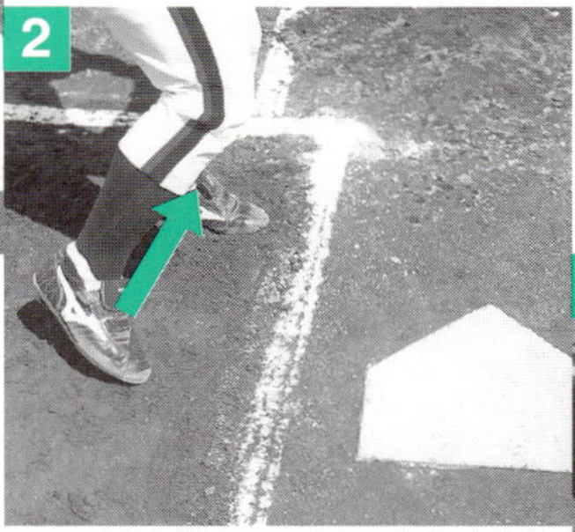

ピッチャーのモーションに合わせて、前（ピッチャー寄り）の足を後ろに引く。

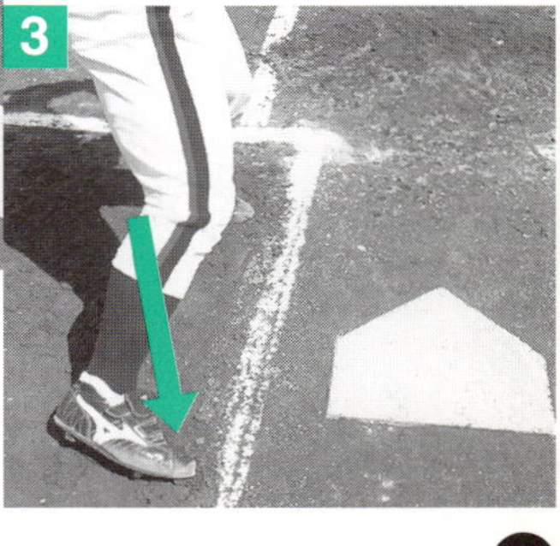

アウトコースいっぱいの投球に対して、インステップする。

右投手の高め ストレートを打つ

アウトコース高めのボールを打とうと思ったら、手元まで十分にボールを引きつけることがだいじである。ふつうにステップしてそのまま打ちにいくと、打つときにひざが開いて上体が突っ込んでしまう。そこで、ステップのところで一瞬間をとり、ひざを開かないようにしてバットをミートポイントまでぶつけていき、左方向へ打ち返そう。

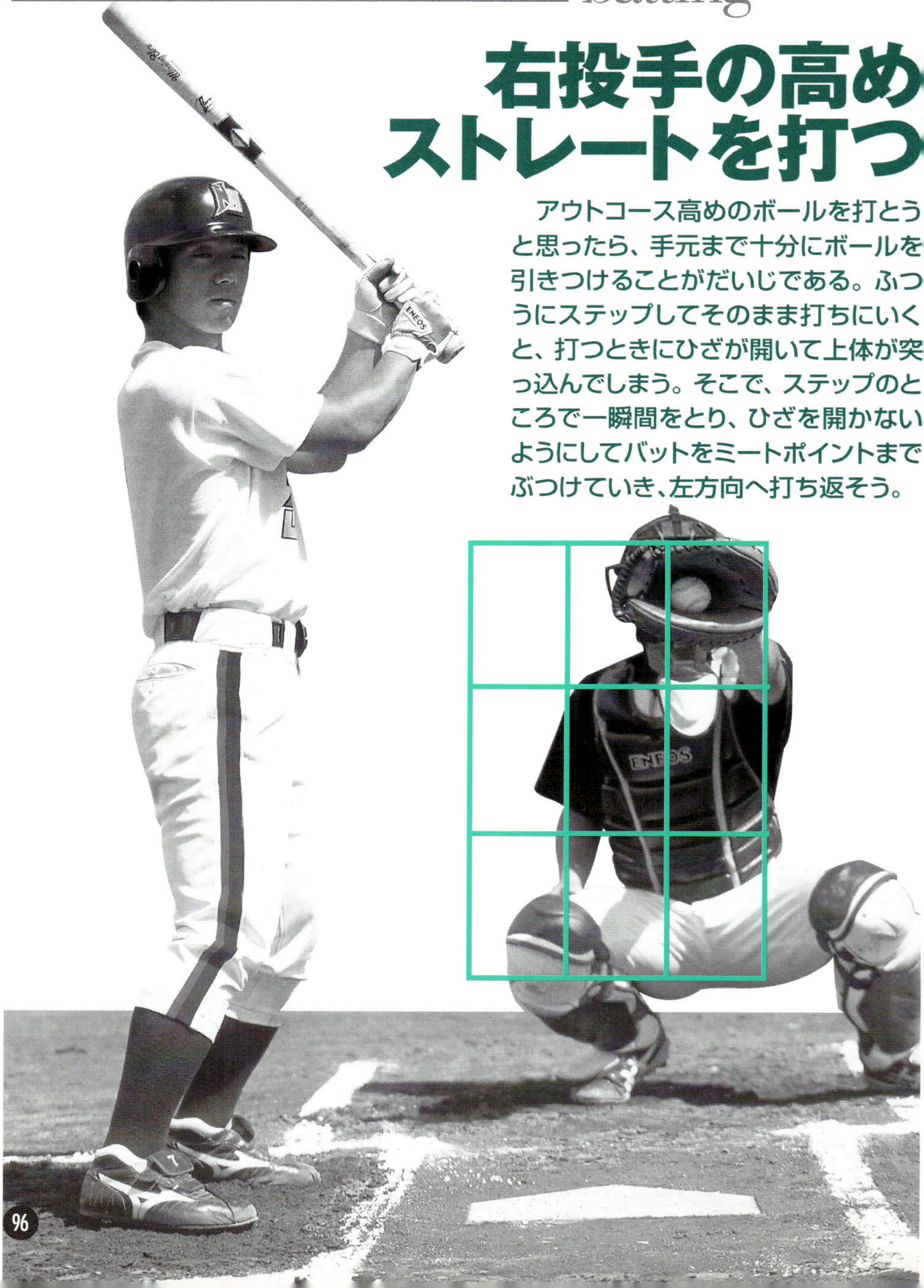

●バットは水平に軌道する

　あくまでもバットのヘッドは立てて、上からボールをたたくという意識をもつことがバッティングのうえではだいじであるが、高めのボールを打つときにはフォワードスイングに入る瞬間、いったんバットは水平に軌道するので、これを修正する必要はまったくない。

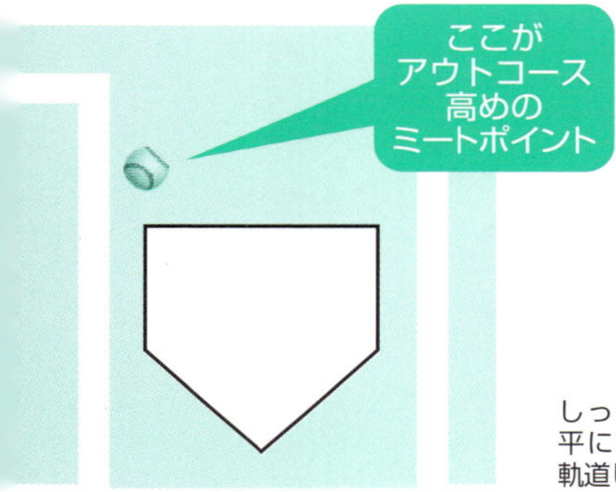

しっかりと水平にバットが軌道している。

●右ひじが上がれば腰が浮いてしまう

　バッティングは、どんなコース、どんな高さにボールがこようとも、ストライクゾーンにきたボールを打つかぎり、下半身主導のバッティングをしなくてはならない。上半身主導だと「手打ち」になり、力強い打球が飛ばないからだが、高めにボールがくると、つい見上げるような体勢になって、右ひじを上げてしまう場合がある。これでは、アゴを締めてヘッドアップに注意をしても、腰が浮いてしまって、まったく下半身主導のバッティングができなくなってしまう。

腰が浮くと力が上方向へ向いてしまい、上からボールを強くたたくことはできない。

流し打ちの方法 2

3

ステップするが、そこで一瞬の間をとる。

4

ひざを開かないように、バットをミートポイントまでぶつけていく。

7

両手首を力強く返す。

8

頭を残したまま、しっかりと振りきる。

●アウトコース高めのボールを流し打つ

アウトコース高めに浮いたボールは、ピッチャーの「失投」であり、これを見逃す手はない。しっかりとアゴをしめて打ちぬこう。ここでも、左バッター特有の「引っ張る」ような「流し打ち」が要求されるため、連続写真を使って説明しよう。

1
顔をピッチャーに向け、肩、腰、ひざをグラウンドと水平に保ってリラックスして構える。

2
手元まで十分にボールを引きつける。

5
バットのヘッドを立てたまま、ボールをインパクト。

6
両腕を伸ばす。

左投手や変化球を打つ

●変化球はタメを作って打つ

「タメ」とは文字通り、「貯めている」「溜めている」状態のことであり、力を「たくわえ」、そこで「せきとめている」という意味がある。つまり、まだまだそこから力を出せるわけで、変化球を打つためには、この「タメ」の状態を一瞬作ることがだいじである。このタメは、主に重心移動によって生まれる。後ろの足に重心を残したままステップするわけだが、そこでそのままステップしてしまわずに、一瞬、タメを作ることによって、変化球を打つ「間」ができ、そこからジャストミートが可能となるのである。

一瞬のタメを作ってからスイングの始動に移る。

●左投手には「壁」を作ってのぞめ

左バッターが左投手のアウトコースのボールを打つためには、なによりも「壁」を作ってのぞむことがだいじである。インローを打つにしても、インハイにしても「壁」ができていなかったら、ボールをしっかりととらえることはできない。

右ひざが折れて、「壁」がくずれてしまっている。

完全に手打ちになり、「泳いでいる」状態に陥っている。

恐怖感から、腰が引けてしまっている。

重心が後ろへ逃げ、下半身を使って打てない。

LEFT-
HANDED
BATTER
RAINING & TECHNIC

IV

左バッターの特徴を生かすバントの技術

Ⅳ 左バッターの特徴を生かすバントの技術

バントの基本

バントの構え方

　左バッターは一塁ベースに近いという有利さを生かすためにも、バントの技を磨いて武器にしたいものだ。バントの基本として心がけることは、どんなボールであっても確実にころがすこと。そのためには、バントの構え方をしっかり身につけよう。

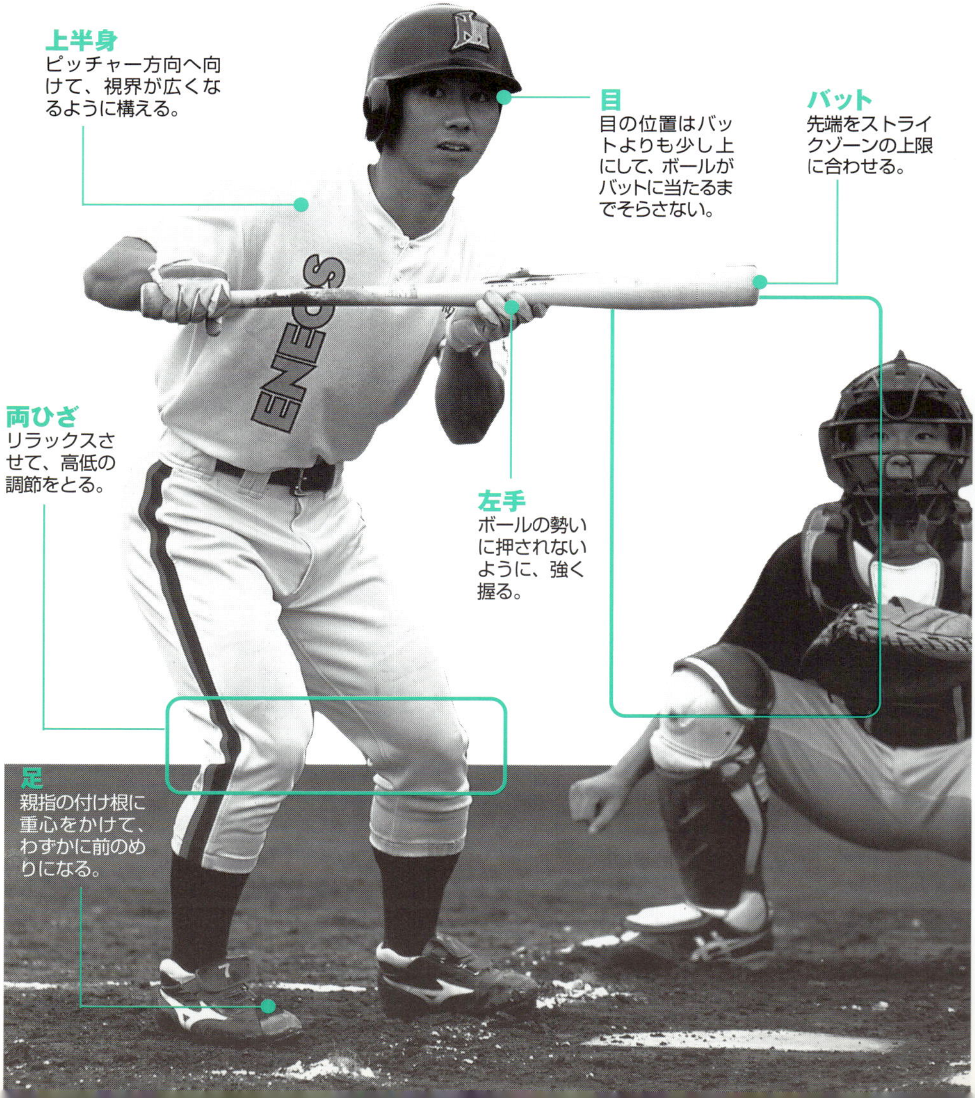

上半身
ピッチャー方向へ向けて、視界が広くなるように構える。
目
目の位置はバットよりも少し上にして、ボールがバットに当たるまでそらさない。
バット
先端をストライクゾーンの上限に合わせる。
両ひざ
リラックスさせて、高低の調節をとる。
左手
ボールの勢いに押されないように、強く握る。
足
親指の付け根に重心をかけて、わずかに前のめりになる。

●両足はラインに揃える

バッターボックスの立つ位置によって、バントしたボールがころがる方向が変わることがある。せっかく打球をころがしてもファウルになってはなんにもならないので、なるべくピッチャー寄りに立って構える。ラインの延長線上を目安に立つとよいだろう。

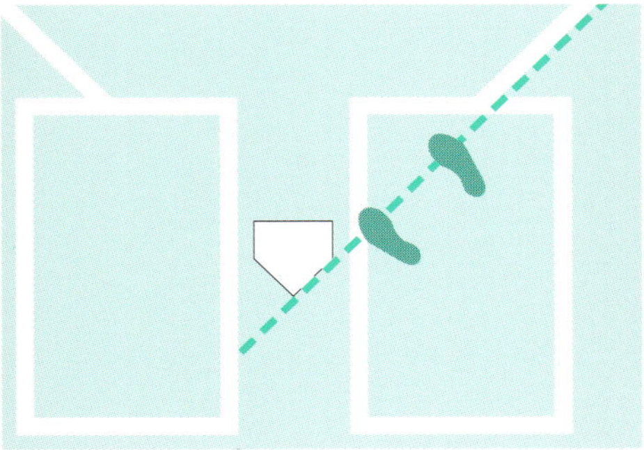

バッターボックスの前のほうに立ち、打球がファウルになるのを避ける。

●「ストライク」「ボール」をしっかりと見極める

スクイズのときには、どんなボールでもバットに当てなくてはならないが、その他のバントのときにはストイライクのみバントするようにし、ボールだったらバットを引こう。とくに高めのボールはフライになりやすいので、絶対に手を出さないことだ。

投球のコースをしっかり見極める。

ストライクのボールだけをバントする。

IV 左バッターの特徴を生かすバントの技術

バントの種類と方法

左バッターのメリットを最大限に生かせ

バントはチームプレーに欠かせない戦術の一つであり、
ゲームの状況によっては避けては通れない戦略でもある。
バントの種類には、自分が犠牲(アウト)になることで
ランナーを進塁させるもの、自分が一塁に生きるためにする積極的なもの、
三塁ランナーをホームへ迎え入れるために行うものなどがあるが、
これらのバントを上手にこなすことが
チームへの貢献度を増すことにつながる。
左バッターのメリットを十分に発揮して、
成功率のアップをめざそう。

サクリファイスバント(犠牲バント)の方法

P.106

セーフティーバントの方法

P.108

プッシュバントの方法

P.110

ドラッグバントの方法

P.112

スクイズの方法

P.114

バスターの方法

P.116

サクリファイスバント（犠牲バント）の方法

サクリファイスバントは「犠牲バント」「送りバント」とも呼ばれる。自分が犠牲になることで、ランナーを次の塁へ進塁させる（送る）バントであり、絶対に成功させたいバントだ。より正確を期して、ボールはバットの中心よりも下の部分で、受けとめるような感じで当てよう。

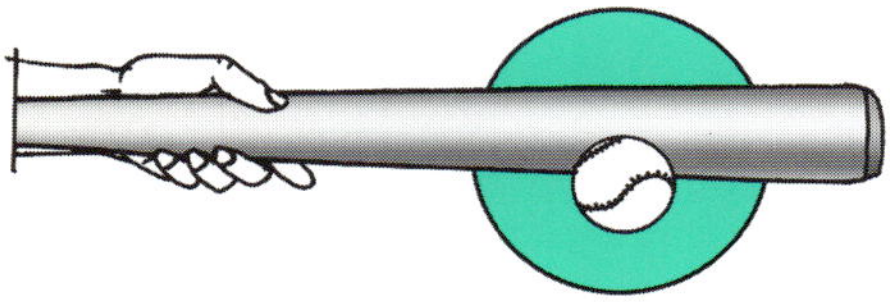

バットの芯より下にボールを当てる。

ボールにバットを当てるだけで、押したり、引いたりしない。

●打球の方向を見てからスタートをきる

サクリファイスバントの目的はランナーを進塁させるためであり、自分はアウトになっても構わない。「走る」ことは二の次である。自分の走塁のことなど考えず、打球をころがすことだけに専念してバントすることだ。

バントの失敗は、早く走り出そうとするあまり、ボールから目が早く離れてしまうことにある。しっかりとボールを見てバントをし、打球がころがるのを確認してから走り出そう。もちろん、走り出したら一塁まで全力疾走する。

バントをしたあとも、打球をしっかりと見る。

●一塁側・三塁側へ確実に打球をころがす

一塁側

一塁ランナーを二塁へ進塁させる場合、基本的には一塁側を狙ってバントする。これはファーストが牽制球を受けるために投球直前まで一塁ベースに着いていて、捕球のための第一歩が確実に遅れるからだ。バントするときには、左手を強く握り、バットの角度が三塁線に平行になるようにボールを受けとめれば、ボールは一塁側へころがる。

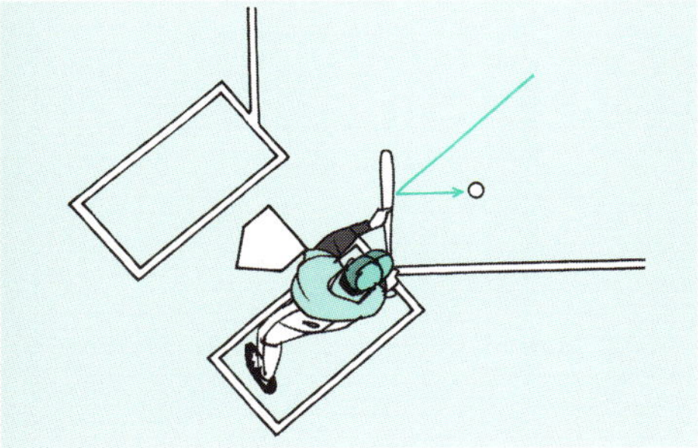

バットの角度が一塁線と平行になるように出して
ボールを受けとめる。

左手に力を入れて、ボールに押されないようにする。

三塁側

二塁ランナーを三塁へ進塁させる場合、バントに備えて守備側は当然、サードがベースに着くことを前提に守る。そこで、このバントの基本は打球を三塁側へころがし、サードに捕らせることである。バントするときには、右手を強く握り、バットの角度が一塁線に平行になるようにボールを受けとめれば、ボールは三塁側へころがる。

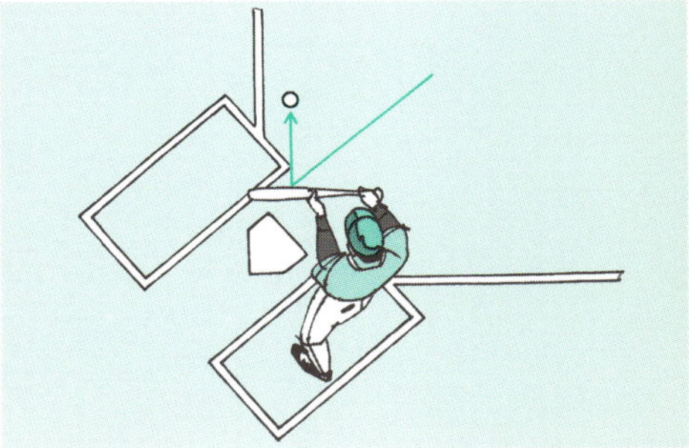

セーフティーバントの方法

セーフティーバントは、相手守備の意表を突いて自分が一塁に生きるためにする、積極的かつ攻撃的なバントだ。内野手が長打を警戒して深い守備位置をとっているときや、二塁にランナーがいてサードが三塁ベースに入る準備をしているときは敢行のチャンスになる。また、相手が左投手の場合に行えば、ピッチャーは三塁線の打球に対して一回転してから一塁送球しなければならないので、一塁セーフになる可能性が極めて高くなる。

一塁へ向かってダッシュする。

右足を強く蹴って、一塁方向へスタートをきる。

三塁線を狙ってボールをころがす。

●三塁線ぎりぎりを狙う

セーフティーバントはサクリファイスバントと違い、なにがなんでも成功させせなくてはいけないといったことはない。ファウルになってもかまわないわけだから、打球をころがす狙いどころは三塁線ぎりぎりがよい。三塁線ぎりぎりの打球は相手にとって捕球しづらく、送球もしにくい。ファウルになったら、もう一度打ちなおせばいいだけのことだ。

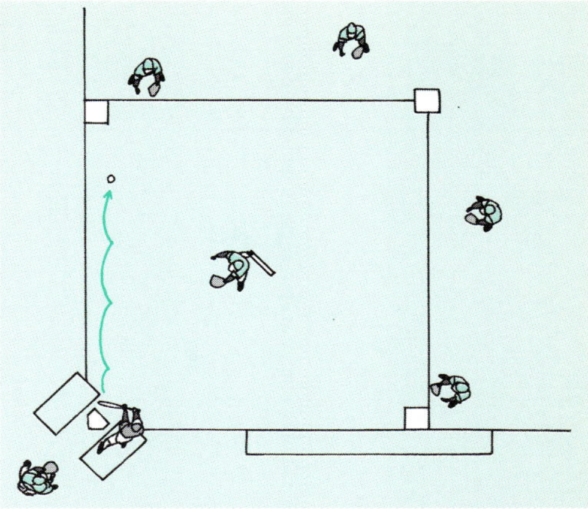

ファウルになったらまた打ち直すくらいのつもりで、三塁線ぎりぎりにバントする。

投球と同時に、左手をバットの上にすべらせる。

重心をピッチャー方向へ移しながら、バントの構えに入る。

プッシュバントの方法

プッシュバントは文字通り、ボールをプッシュ（押す）するバントであり、セーフティーバントの一種ではあるが、通常のセーフティーバントよりも、さらに積極的・攻撃的なバントであるといえる。とにかく、ボールの勢いを殺さないようにバットの芯で受け、そのまま相手守備陣形の「すき間」を狙って打球をころがし、自分も一塁セーフになるというバントである。

一塁へ向かってダッシュする。

右足を強く蹴って、一塁方向へスタートをきる。

ボールがきたら、セカンド方向へ強く押し出すようにバントする。

●フェイントを入れるのがコツ

ランナー一塁のケースやランナー一・三塁のケースで、相手守備陣がバントシフトを敷いてきたときが絶好のチャンスとなる。バッターがバントの構えをすることによって、守備側はスクイズやサクリファイスバントに備えるだろう。そこで、バッターは一度、そのままいかにもサクリファイスバントをするぞと見せかけて、ピッチャーの横へボールを強く押し出していけばよい。

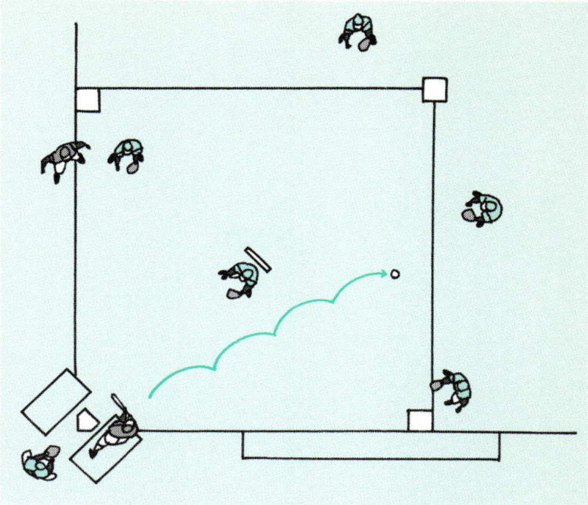

強い打球をころがし、ピッチャーの横を確実にぬく。

1 ふつうのバッティングと同じようにバットを構える。

2 投球と同時にバントの構えをする。

3 ぎりぎりまでサクリファイスバントをするように見せかける。

ドラッグバントの方法

ドラッグバントとは、バットの先にボールをひっかけ、そのまま引きずるようにして自分の走っていく（一塁ベース）方向へ打球をころがす左バッターならではのセーフティーバントの一種である。左打席が一塁に近いという利点を最大限に生かした戦術であり、俊足の左バッターであれば、かなりの成功率をのぞめるはずだ。好投手を打ち崩す突破口となる左バッターの武器の一つといえるだろう。

右足に体重をかけながら、ホームプレートの前でボールをとらえる。

ボールが当たるのと同時にスタートをきる。

一気に一塁へ走る。

●バッテリーの「意表」を突く

ドラッグバントは、ファウルになっても仕方ない、もう一度打ちなおせばいい、という場面でのバントなので、ランナーなしのケースが多い。ホームランが出た直後の打席や「押せ押せ」ムードのときにやると非常に効果的だ。いかにもフルスイングするように見せかけてからバントすることによって、相手バッテリーは意表を突かれてあわててしまい、捕球動作が遅れたり、乱れたりすることが十分に考えられる。

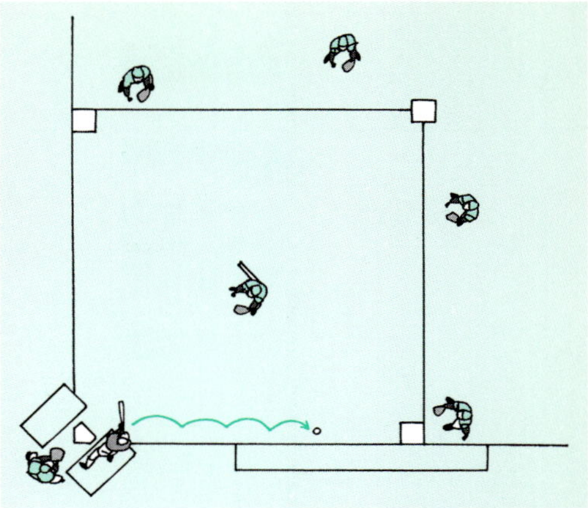

走り出しながらバントをする要領で、打球を一塁線にころがす。

大きく構え、フルスイングの雰囲気を漂わせる。

投球と同時に左手をバットの上へすべらせる。

バントの構えをする。

スクイズの方法

スクイズは、三塁ランナーが投球と同時にスタートをきり、バッターがバントして、そのランナーをホームへ迎え入れるという戦術のためのバントである。自分がアウトになってもいいという点では、サクリファイスバントと同じだが、投球に対して瞬時に構えてバントすることを見破られないようにする、どんなボールでもバットに当てなくてはならない、という点がサクリファイスバントよりも難しい。

足が出たら反則

バッターボックスから足を出してバントするのは「反則」である。バッターにはストライクが宣告され、三塁ランナーはアウトになる。

打球のころがった方向を見定める。

バットをボールに当てる。

●左バッターは三塁線に打球をころがす

たとえどんなに大きくはずされたボールでもバットに当てなくてはならないスクイズバントでは、打球の勢いを殺すというのは至難のワザだ。ただし、打球をころがす方向だけはなんとかしたい。右バッターは一塁側、左バッターは三塁側というのが基本ではあるが、ピッチャー前にさえころがさなければ、ぎりぎりセーフになる確率は高い。

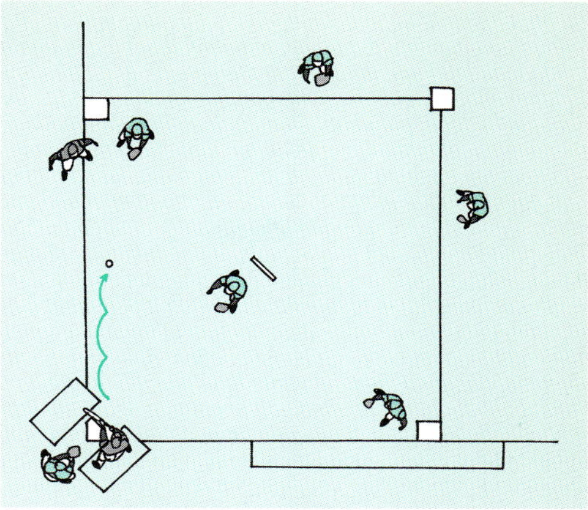

三塁方向へ打球をころがすのが理想である。

しっかりとボールを見る。

投球後、瞬時にバントの構えをする。

ヒッティングの構えをする。

バスターの方法

バスターとは、バントの構えを見た守備側がバントシフトを敷いて前進したところを、すかさずヒッティングに切り替えて、狭くなった内野手同士の間に打球をころがす高等戦術である。長打やクリーンヒットはいらないが、確実にバットにボールを当てたいので、決して大振りをせずにコンパクトなスイングでゴロを打つように心がけよう。

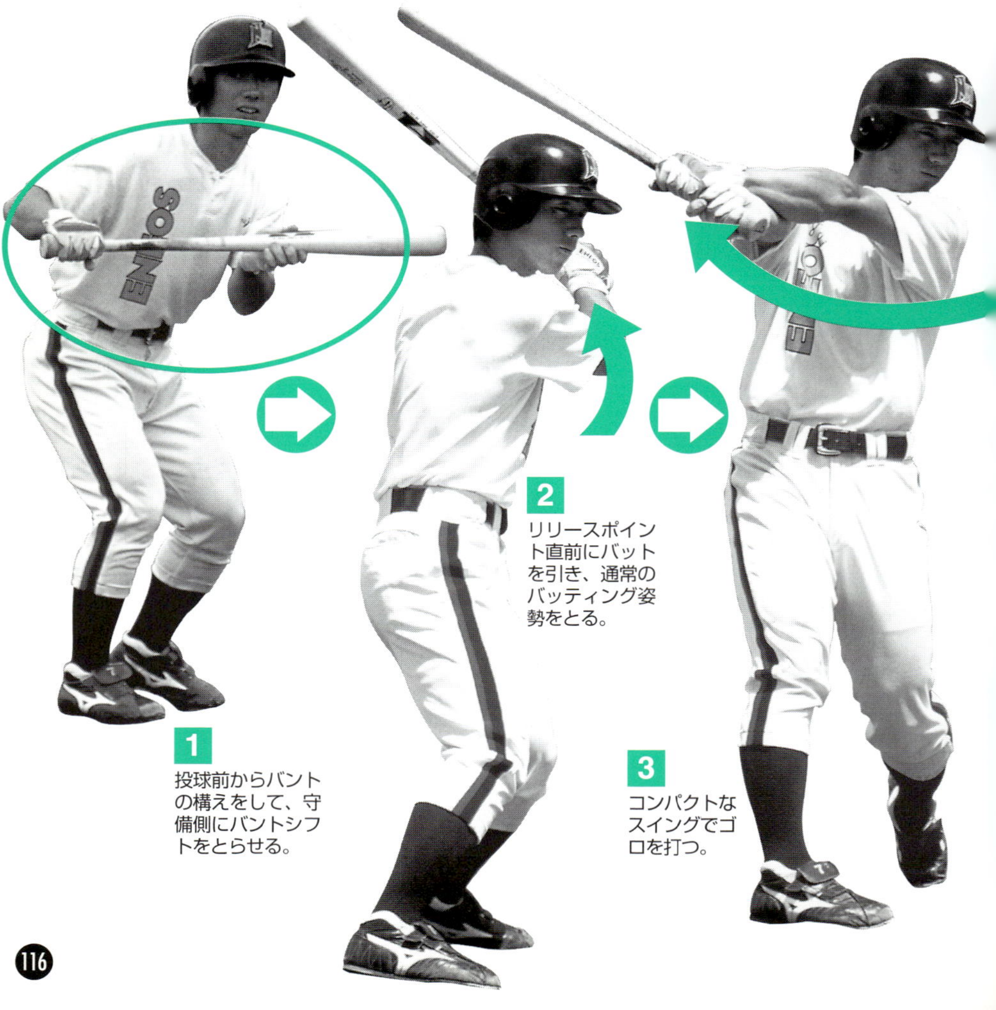

1 投球前からバントの構えをして、守備側にバントシフトをとらせる。

2 リリースポイント直前にバットを引き、通常のバッティング姿勢をとる。

3 コンパクトなスイングでゴロを打つ。

LEFT-
HANDED
BATTER
RAINING & TECHNIC

V

左打ちの応用技術

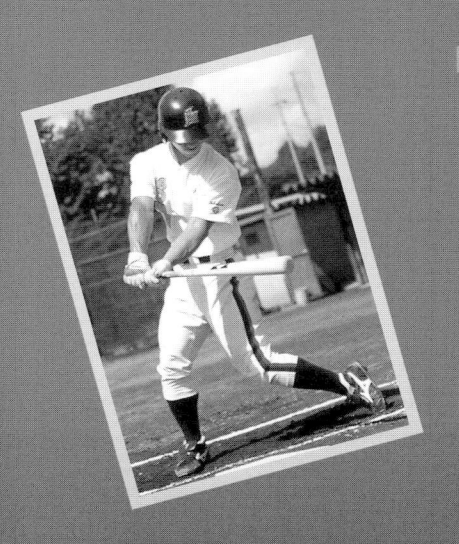

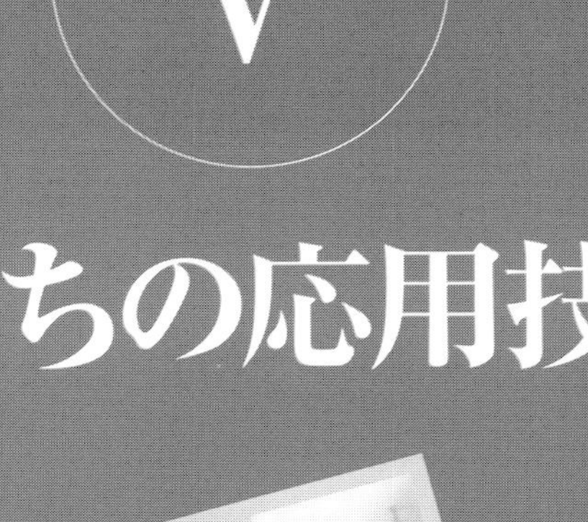

目的別バッティング

ケース・バイ・ケースに応じたバッティングを身につけよう

バッターはランナーの有無、アウトカウント、ボールカウントによって
ゴロや外野フライを打ったり、引っ張る打球や流す打球を打ったりと、
目的に応じたバッティングが要求される。
どんな状況にも対応できるバッティングテクニックを
身につけておくことが大切である。

ゴロの打ち方

P.120

外野フライの打ち方

P.122

センター返しの打ち方

P.124

引っ張る打球の打ち方

P.126

流し打つ打球の打ち方

P.128

カットのしかた

P.130

ゴロの打ち方

ランナー一塁のとき、そのランナーを進塁させるために高いバウンドのゴロを打ったり、ヒットエンドランのサインによって右方向へ確実にゴロをころがしたい場合がある。そんなときのバッティングはアゴを上げない(ヘッドアップしない)ことがだいじだ。ランナーがいるため、つい、アゴを上げて状況確認をしたくなるが、アゴが上がったらバットのヘッドが下がり、フライになる確率が高くなるからだ。

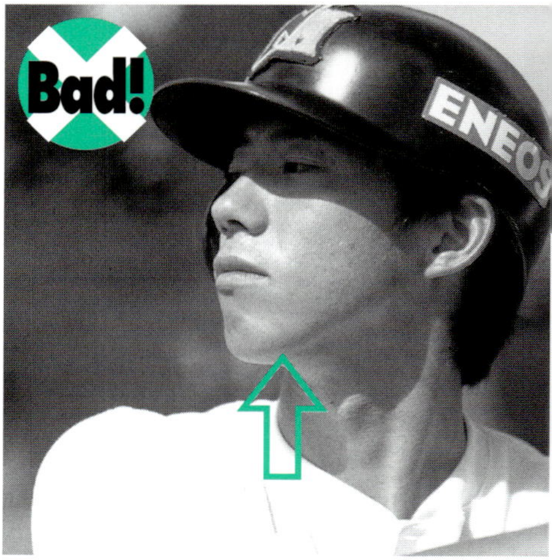

アゴが上がると、打ち上げてしまうことになる。

体重をピッチャー寄りにかけながら、バットを振りきる。

体重をピッチャー寄りにかける。

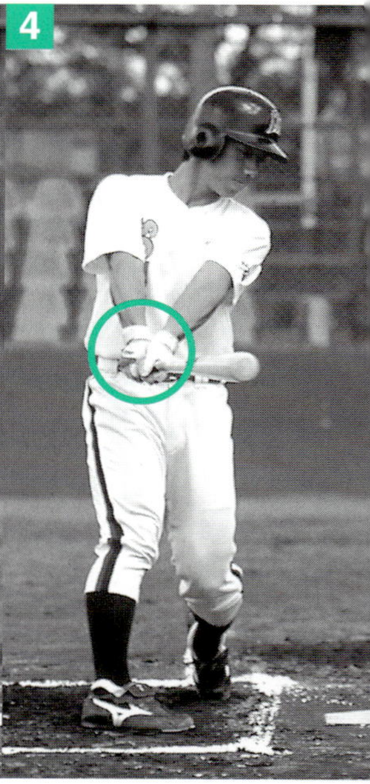

インパクトと同時に手首を返す。

●バットの下部にボールを当てる

ゴロを打つためには、低めのボールを狙って、体重を早めにステップした足に移しながら、バットの下部でボールをミートすることだ。ミートポイントもできるだけピッチャー寄りがいい。インパクトとほぼ同時に、左手首を返すことも意識しよう。

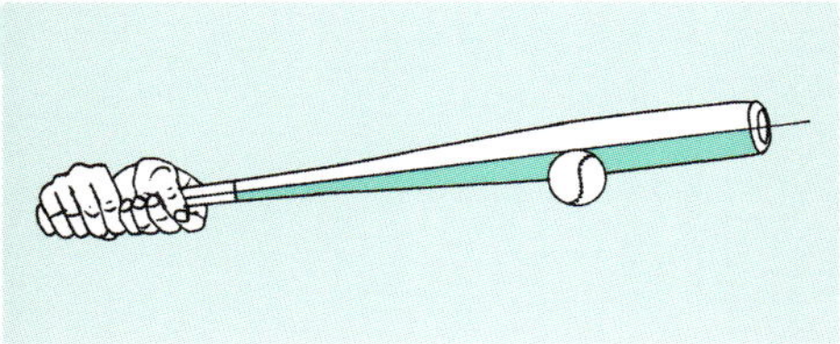

バットの中心線よりも下でボールをミートすれば、打ち上げることを避けられる。

しっかりとボールを見る。

ボールに向けてバットを振り下ろす。

ミートポイントへバットを持っていく。

外野フライの打ち方

ランナーが三塁にいて、最悪でも犠牲フライで１点ほしいというときに、外野フライを狙うことがある。この場合、フライを打とうとしてアッパースイングを意識しすぎると、右ひじが上がり、極端にバットのヘッドが下がることになる。そうなると、バットがボールの勢いに負けてポップフライがせいぜい。深い外野フライなど、まったくのぞめない。

右ひじが上がると脇があき、バットのヘッドが極端に下がる。

グリップが肩よりも上になるようにフォロースルーをとる。

体重を後ろ足に残したまま、ボールを遠くへ運ぶようにスイングする。

ボールのやや下側にバットを入れるようにミートする。

●ボールをバットに乗せるようにスイングする

外野フライを打つためには高めのボールを狙い、体重を後ろ足に残しながら、バットの上部でボールをミートすることだ。右ひじを上げず、脇を締めながらグリップを下ろしていき、ボールをバットに乗せて遠くへ運ぶような感じでスイングする。

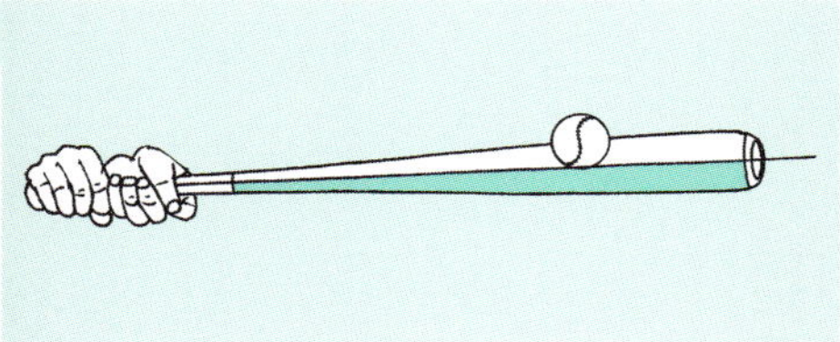

バットの中心線よりも上でボールをミートする。

両脇を締めたままバットスイングする。

高めのボールを狙ってバットを出す。

しっかりとボールを見る。

センター返しの打ち方

きちんとセンター返しを打つのは意外と難しい。まずは脇を締めて、すくい上げないように打つことを心がけよう。そして、ピッチャーが投げてきたボールの球威を利用して、そのまままっすぐに打ち返すことだ。インパクトのあと、腰がまっすぐにセンター方向へ向いていれば、打球は間違いなくセンター方向へ飛んでいく。

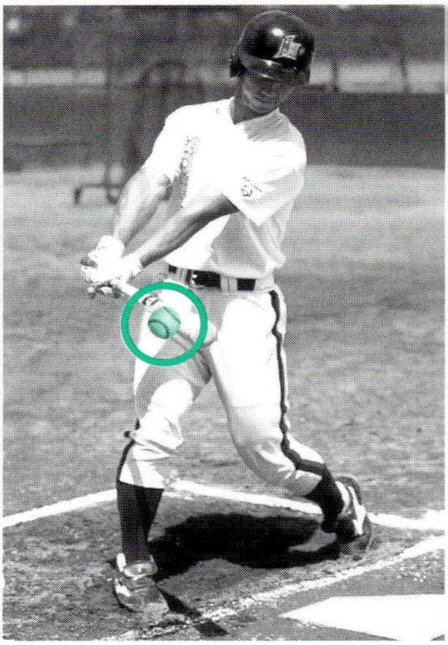

ボールに逆らわずにピッチャー方向へ打ち返すと、ボールの球威をそのまま生かした鋭い打球が打てる。

体の前でボールをミートする。後ろ足のかかとは上げ、足の甲をまっすぐにピッチャー方向へ向ける。

バットの先端も、腰もセンター方向へ向ける。

●「手打ち」は、ただのピッチャーゴロに終わる

センター返しは、ボールを自分の体の前、つまり、ピッチャー寄りでとらえることが重要だ。インパクト直後に腰がセンター方向を向いていることが理想だからといって、上体をピッチャー方向へ突っこんでしまうのは大間違い。上体が前に突っこむと、打球は前に飛んでも、ボテボテのピッチャーゴロになり、センターまでは飛んでいかない。上体の突っこみを抑えるには、右肩と右ひざでしっかりと「壁」を作り、崩さないようにすることだ。

完全に「壁」が崩れてしまっている。

しっかりとボールを見る。

ボールを呼びこむ。

ボールに向けてバットを最短距離で出していく。

引っ張る打球の打ち方

引っ張る打球を打とうと思ったら、まずはインコースのボールを狙って打つことだ。インコースのボールを打つときは腕をたたみ、コンパクトに振りぬくようにしよう。

インコースのボールを狙うことがだいいじ。

4

体の前でボールをミートする。

5

コンパクトに振りぬく。

6

肩の後ろまでバットを振りきる。

●タイミングを早めて前で打つ

インコースのボールのミートポイントは体の前（ピッチャー寄り）であり、ボールを手元まで引きつけすぎると、センター返しはできても、引っ張る打球を打つことは難しい。通常よりもワンテンポ早くバットを振り下ろすくらいでちょうどいい。グリップエンドをボールに向けて振り出していくような感じでバットを振り下ろし、バットが体に巻きつくようにコンパクトに振りぬこう。

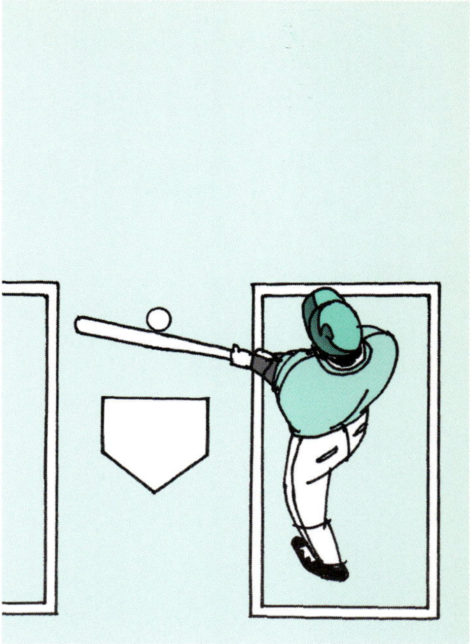

ミートポイントをピッチャー寄りに置いて打つ。

グリップエンドをボールに向けて振り下ろす。

ワンテンポ早く始動する。

インコースのボールを狙う。

流し打つ打球の打ち方

左バッターがレフト方向へ流し打つためには、アウトコースのボールを手元までぎりぎりに引きつけ、そこから腰をレフト方向へ向けながらバットスイングをすることがだいじである。

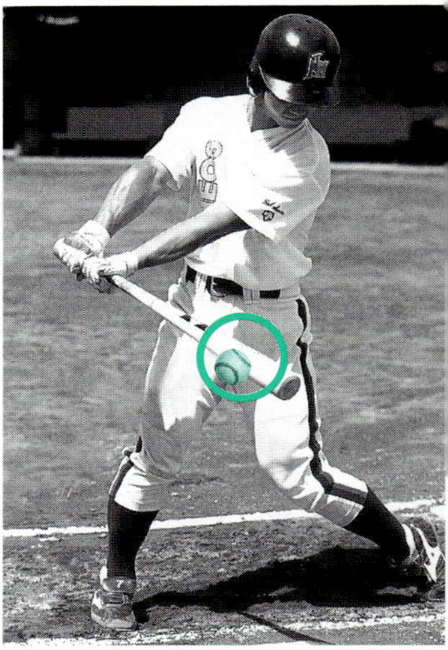

ボールを手元まで引きつけてからバットを出す。

バットを大きく振りぬく。

腰をレフト方向へ向けて手首を返す。

後ろのミートポイントでインパクト。

●当てるだけでなく、しっかりと振りぬく

バットをボールに当てにいく感じでさし出しても「流し打ち」はできる。しかし、それだと振り遅れやボールの勢いに押された結果による流し打ちであって、本当の「流し打ち」とはいえない。やはりアウトコースのボールを手元まで引きつけ、そこから下半身で引っ張る感じでバットを大きく振りぬくことだ。レフト方向へボールを「引っ張る」ように意識して、最後までフルスイングすれば、鋭くて強い打球が飛んでいくだろう。

ミートポイントをキャッチャー寄りに置いて打つ。

バットのヘッドを遅らせ気味に出す。

グリップエンドをボールに向けて振り下ろす。

アウトコースのボールを狙う。

カットのしかた

ツーストライクに追いこまれたあとで、苦手なコースやヒットにできそうもない変化球を投げられた場合、そのボールを見逃すわけにはいかない。それがストライクだったら三振になってしまうからだ。同様に、ストライクなのか、ボールなのか、判断しにくいボールを投げられた場合も見逃せない。

そんな場合はなんとかファウルにして、もう１球、仕切り直しを要求しようというのが「カット打ち」だ。次のボールがまた同じようなボールだったら、同じようにカットすればいい。苦手なボールをファウルでねばって好球を必打するのである。

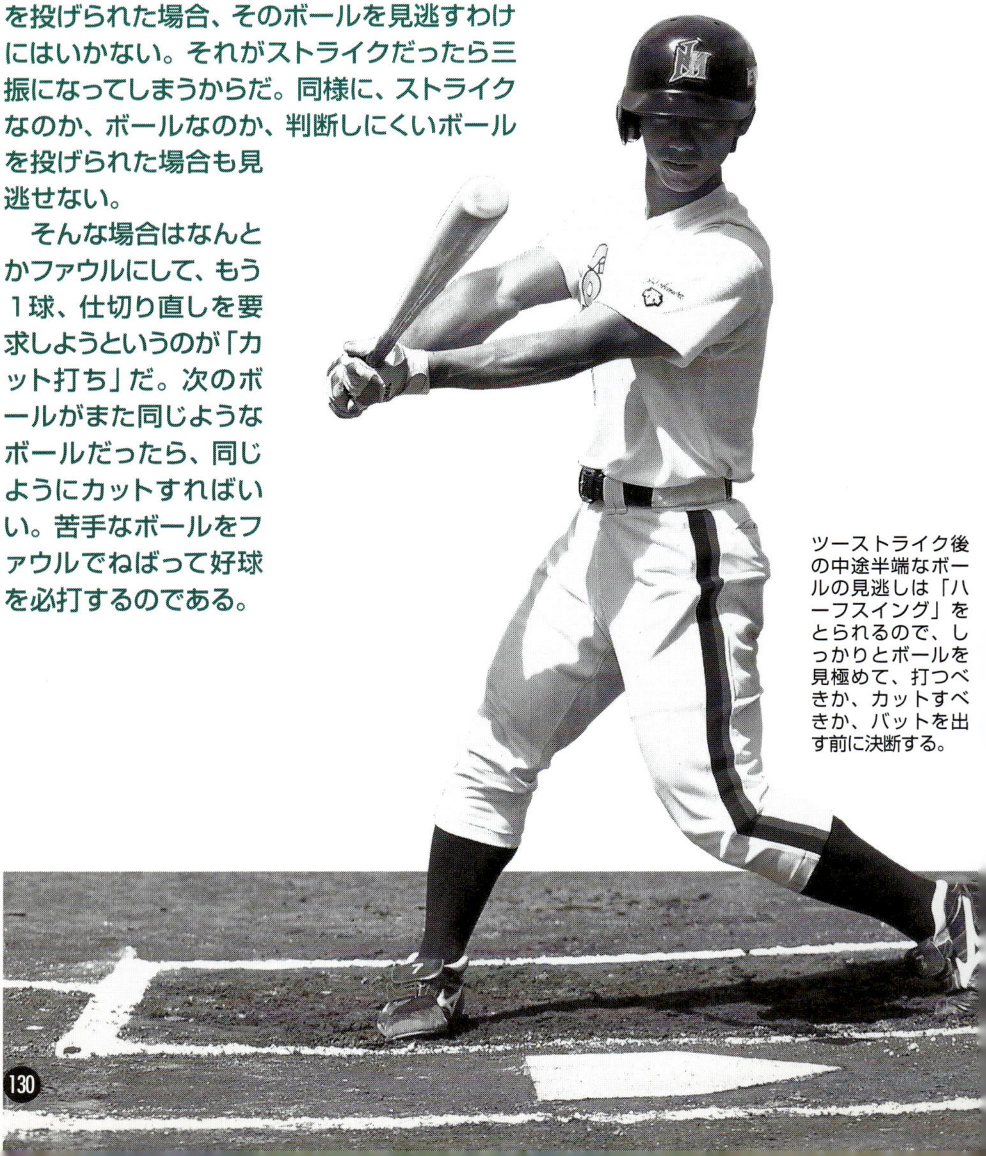

ツーストライク後の中途半端なボールの見逃しは「ハーフスイング」をとられるので、しっかりとボールを見極めて、打つべきか、カットすべきか、バットを出す前に決断する。

●ホームプレート上でボールをカットする

ボールのミートポイントは、どんなに手元に引きつけてもホームプレートの前でなければならないが、故意に「カット」する場合は、さらに手元まで引きつけてもよい。ほとんどホームプレート上で打つくらいの感覚になるが、ポイントが遅くなることによって、打球はフェア地域に飛ばずにファウルになる確率が高くなる。

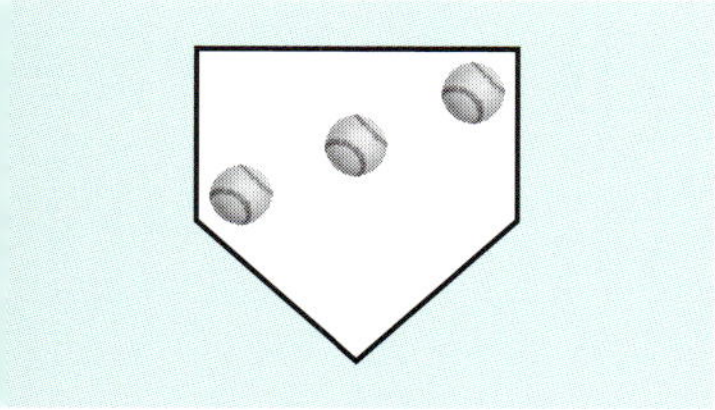

インコース、真ん中、アウトコースともすべて、ホームプレート上で打つように心がける。

ボールをホームプレート上まで引きつけることによって、ボールをよく見ることができる。

●カットをスムーズにする方法

カットをスムーズに行うために、体を意識的に前に突っこませることによって、ミートポイントを後ろへする方法もある。

ボールをしっかりと見る。

ボールに対してバットを残し、体を前に出す。

ボールをカットする。

V 左打ちの応用技術

対戦投手のタイプ別バッティング

6タイプのピッチャーを攻略する

ピッチャーの投げ方は、オーバースロー、サイドスロー、アンダースローの3パターンに大別されるが、さらに、右利き、左利きのピッチャーがいることで、6タイプに増える。それぞれのタイプのピッチャーをいかに攻略するか、頭と体で覚えることが大切だ。

オーバースローの右投手を攻略する

P.134

オーバースローの左投手を攻略する

P.136

サイドスローの右投手を攻略する

P.138

サイドスローの左投手を攻略する

P.140

アンダースローの右投手を攻略する

P.142

アンダースローの左投手を攻略する

P.144

オーバースローの右投手を攻略する

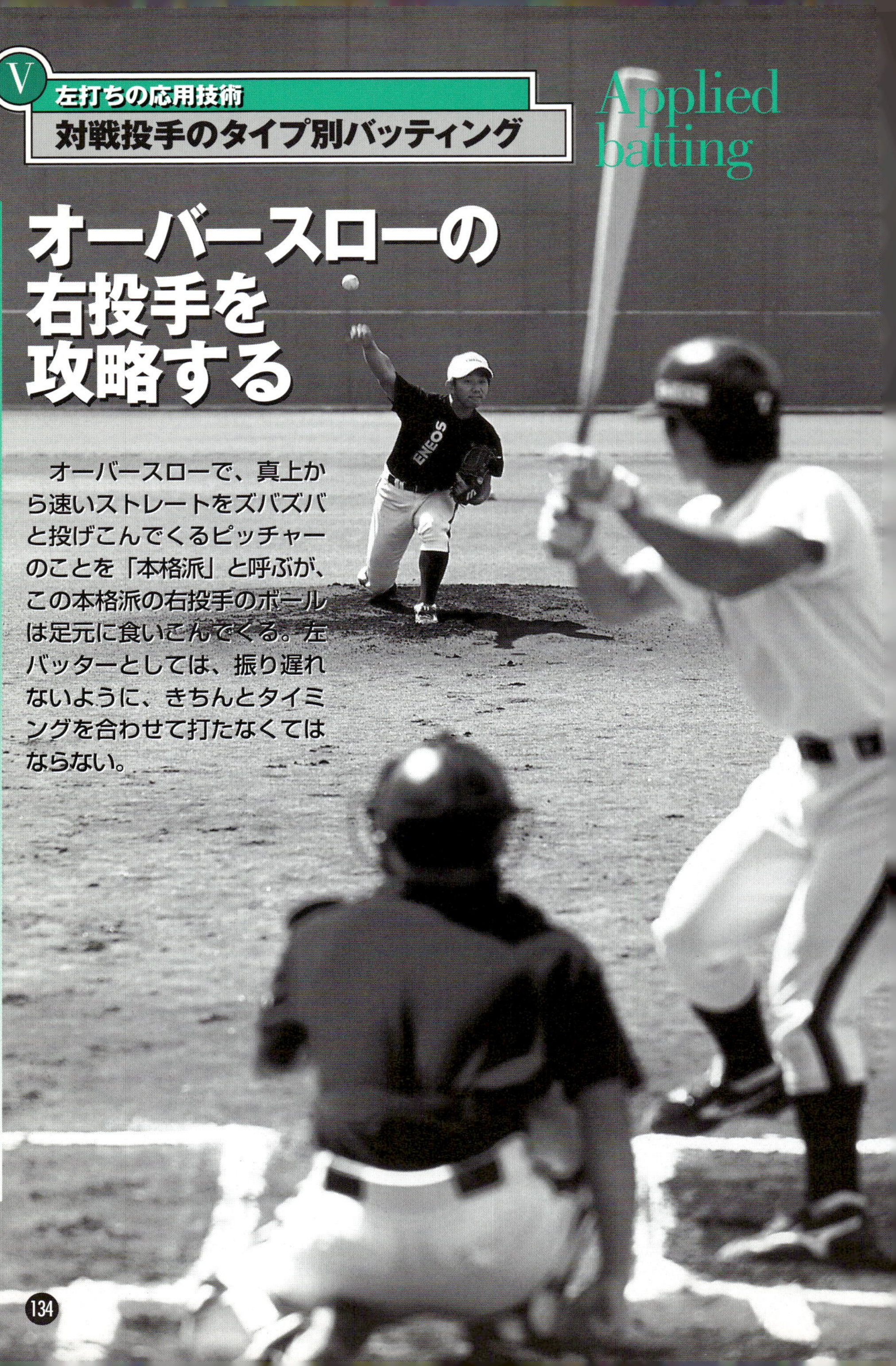

オーバースローで、真上から速いストレートをズバズバと投げこんでくるピッチャーのことを「本格派」と呼ぶが、この本格派の右投手のボールは足元に食いこんでくる。左バッターとしては、振り遅れないように、きちんとタイミングを合わせて打たなくてはならない。

●無駄のないスイングがだいじ

速球を打ち返すためには、振り出しから振りぬきまで、無駄のないスイングを心がけなくてはならないが、その第一段階として、リラックスしてバットを構えることがだいじになってくる。構えたときに肩に力が入りすぎていると、思うようにバットが出てこないからだ。また、ひざにも十分にゆとりをもたせること。ひざに力が入りすぎていると、スムーズな回転ができなくなる。

肩の力をぬき、ひざの力もぬいてリラックスしてバットを構える。

●打ち返す方向はコースに逆らわずに決める

本格派ピッチャーの速球は勢いがあるので、そのボールの勢いを利用して、コースに逆らわずに打ち返すようにすれば、自然とクリーンヒットは生まれる。つまり、インコースならライト方向へ、真ん中だったらセンター方向へ、アウトコースだったらレフト方向へと打ち返すのだ。ただし、バットをボールに合わせにいっただけでは球威に負けてしまうので、トップからインパクトまでを力強く振り下ろすことを意識して、バットのヘッドをボールにぶつけていく。フォロースルーはそのまま自然にまかせよう。

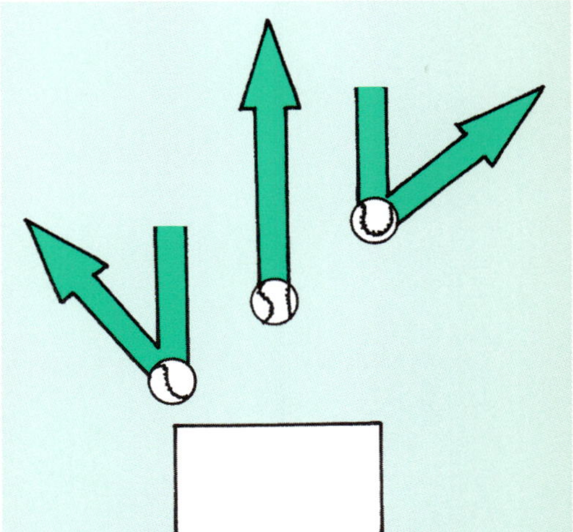

インコースはライト方向へ、真ん中はセンター方向へ、アウトコースはレフト方向へ打ち返す。

オーバースローの左投手を攻略する

　左バッターにとって左投手は、リリースポイントが見づらいだけに、打ちにくいというのが通例である。とくに左投手の本格派はコントロール重視というよりもスピード重視だけに、左バッターとしては恐怖心もある。この恐怖心をとりのぞいて、バッターボックスに立たなくてはならない。

左投手のリリースポイントは見にくい。

右投手のリリースポイントは見やすい。

●恐怖心を払拭することがだいじ

本格派の左投手に対しては、まず、恐怖心を捨てること。そのための方策として、バッターボックスに入ったら、オープン・スタンスで立ってみるのもよい。いざ、ボールを待つときには「絶対にストレートに力負けしない」という気持ちでのぞむこと。そして、肩、腰、ひざでしっかりと「壁」を作り、バットをボールにぶつけていくようにしよう。

オープン・スタンスで立つことで、ボールが見やすくなる。

●打球方向を考えずに、コンパクトにスイングする

左バッターが左投手の速いストレートを打つには、打球方向などはあまり考えないほうがいい。とにかく目の前にきたボールを打つというくらいでないと、左投手の速いストレートを打ち崩すことは難しい。もちろん、バットスイングもなるべくコンパクトにし、無駄なアクションをできるだけ避けることはいうまでもない。

きたボールをコンパクトに打ち返すことだけに集中する。

V 左打ちの応用技術

対戦投手のタイプ別バッティング

Applied batting

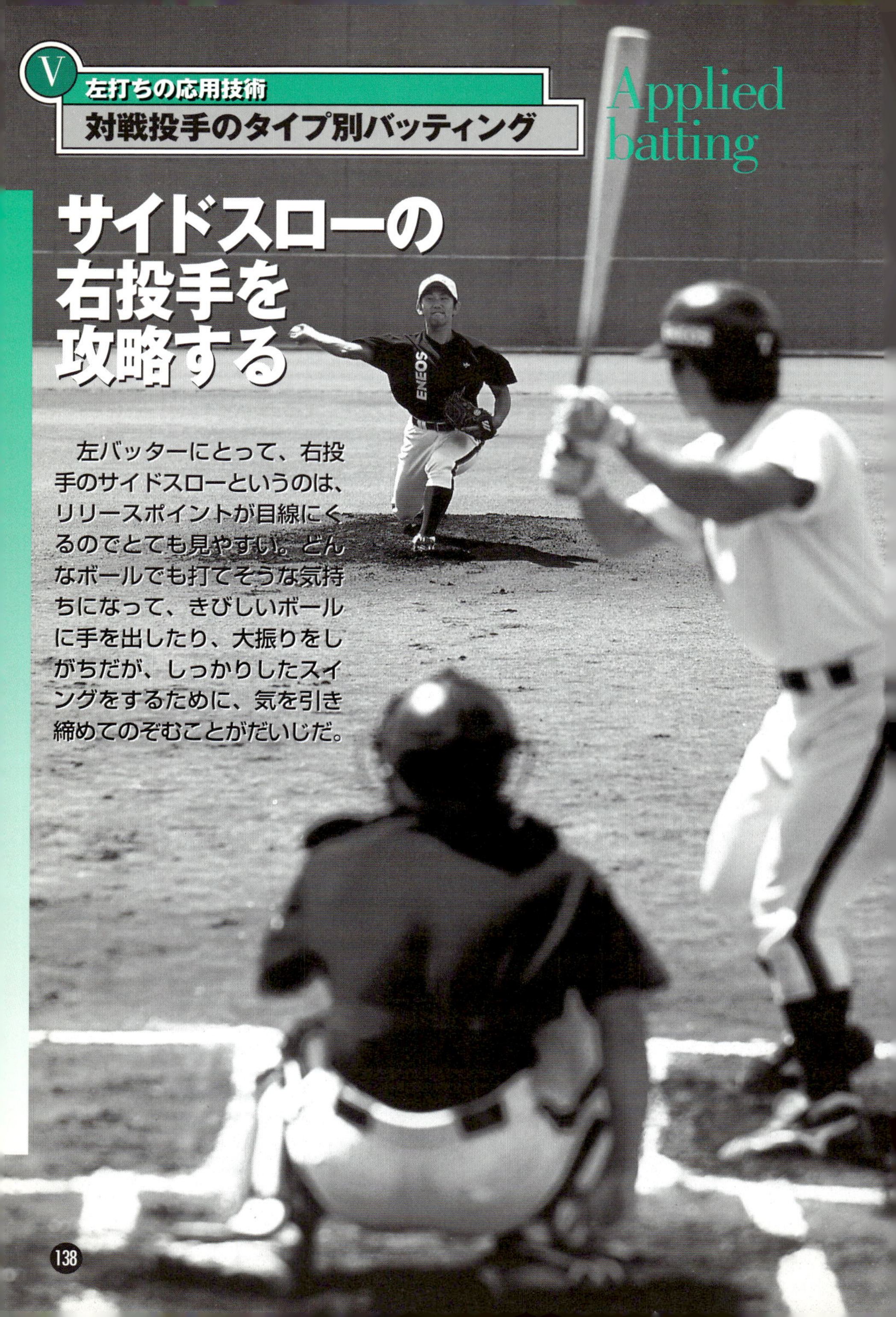

サイドスローの右投手を攻略する

左バッターにとって、右投手のサイドスローというのは、リリースポイントが目線にくるのでとても見やすい。どんなボールでも打てそうな気持ちになって、きびしいボールに手を出したり、大振りをしがちだが、しっかりしたスイングをするために、気を引き締めてのぞむことがだいじだ。

●オーバースイングは禁物

サイドスローのボールはヨコの揺さぶりや変化が基本線になるので、ボールが見やすいからといってオーバースイングをすると、凡ゴロや凡フライに打ちとられることになりかねない。そこで、バットを地面に平行に振るレベルスイングで、センター方向へ強い打球やピッチャー返しを狙って打っていこう。もちろん、ジャストミートすればセンターオーバーや右中間方向への長打にもなるが、はじめから長打を狙うとオーバースイングになって、フライに打ちとられるケースが多くなる。

レベルスイングでセンター返しを心がける。

●アウトコースに逃げるシュートに要注意

サイドスローのピッチャーのボールはシュート回転してくるので、強引に引っ張りにいくと、バットの先にひっかけてしまいやすい。とくにアウトコースへくるボールは確実に外へ逃げていくので、肩が開いてしまったら空振りもあるだろう。そこで、アウトコースのシュートに対しては、肩、腰、ひざでしっかりと「壁」を作り、センターからレフト方向へ打ち返していこう。バットをボールにぶつけていく感じで、手首も返してしまわないほうがいい。

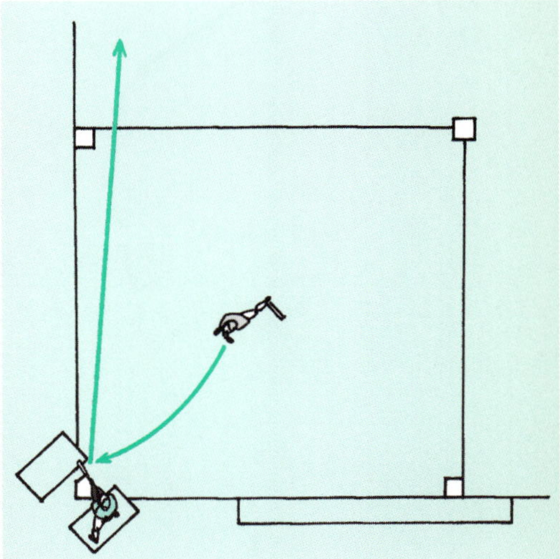

ボールにさからわずに左方向へ打ち返す。

サイドスローの左投手を攻略する

左バッターにとって、左投手の投げてくるボールはリリースポイントが見づらいために打ちづらいことは前述したとおりだが、その本格派のピッチャー以上に打ちにくいのが、左投手のサイドスローから投じられるボールである。

●体が開いたら、バットが届かない

極端にいえば、左投手のリーチ（腕の長さ）のぶんだけ、左バッターの背中のほうからボールがくるというのが、左投手のサイドスローである。スピード重視の本格派に対するときより恐怖心はないにしても、ボールを見るために体が開きがちになるので、ここでも、肩、腰、ひざを開かないように我慢することがポイントになる。体を開いてしまったら、真ん中よりもアウトコース寄りのボールにはバットが届かなくなる。

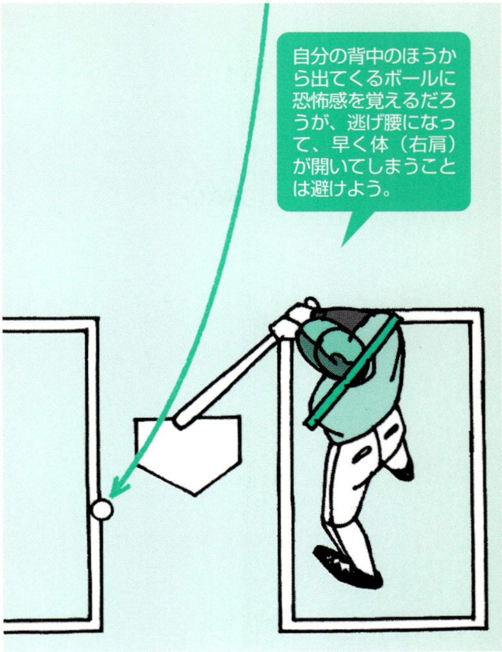
自分の背中のほうから出てくるボールに恐怖感を覚えるだろうが、逃げ腰になって、早く体（右肩）が開いてしまうことは避けよう。

体が開いたら、バットが届かなくなる。

●カーブを狙って打て

最初からストレートは捨てて、カーブに狙いを絞って打つというのもいいだろう。左ピッチャーのカーブはアウトコースへ逃げていくわけだから、そのボールを待てば、近くまで呼びこんで打つことになり、右肩が開かないぶん、ボールの見極めもできる。ストレートがきたとしても、インコースから外へ逃げていくボールにはバットが届くので、カットすることができるのである。

最初からカーブに的を絞っておけば、恐怖感によって右肩が逃げることはない。また、体も開かずに投球をしっかりと見極めることが容易になる。ストライクだったら、そのまま打てばよい。

体が開かなければ、バットがしっかりとボールに届く。

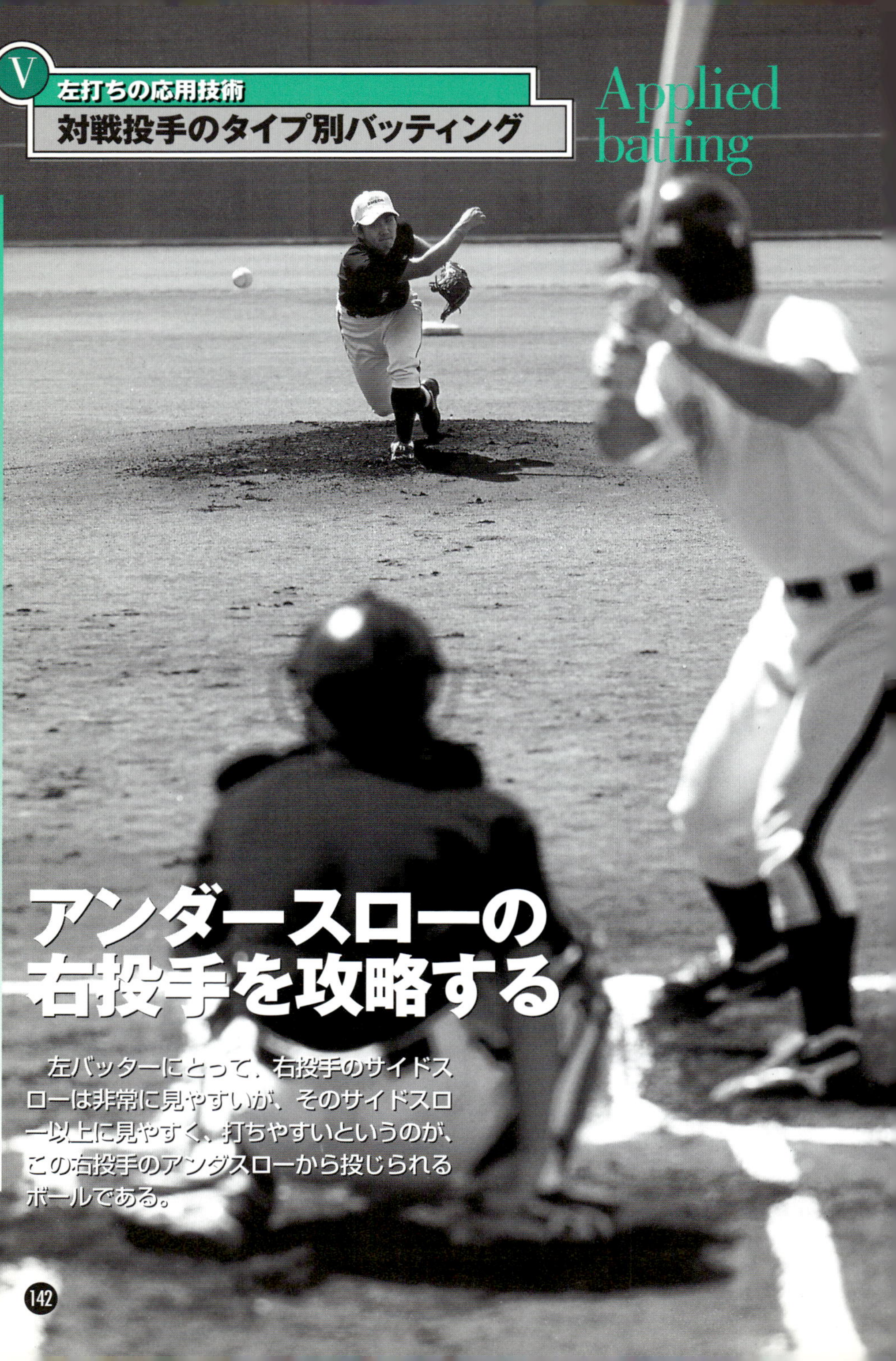

アンダースローの右投手を攻略する

左バッターにとって、右投手のサイドスローは非常に見やすいが、そのサイドスロー以上に見やすく、打ちやすいというのが、この右投手のアンダスローから投じられるボールである。

●ボールが見やすいということを認識して打とう

アンダースローの右投手を打つうえでだいじになるのは「目線」である。アンダースローの投球は浮き上がってくるように見えるので、ヘッドアップしやすい。ヘッドアップしてしまうと、バットのヘッドが下がってアッパースイングになり、ポップフライになることが多く、なかなか打ち崩すことができなくなる。そこで、最後までボールから目線をはずさずに、ボールを引きつけて打つようにすべきである。ボールは見やすいのだから、決してあせらずに打つことだ。

ヘッドアップすると、下半身が使えなくなる。

●沈む変化球に注意する

ボールが浮き上がってきたところを、よく見えるからといってブンブンとバットを力まかせに振りまわしていると、沈む変化球、たとえばシンカーなどにバットがクルクルとまわることになる。そこで、アンダースローのピッチャーが投げてきたボールは、どんなボールであっても、センターから逆方向（レフト側）へ打つように心がけよう。センターから逆方向へ打つという意識でボールを待てば、シンカーにひっかかることもなくなるはずだ。

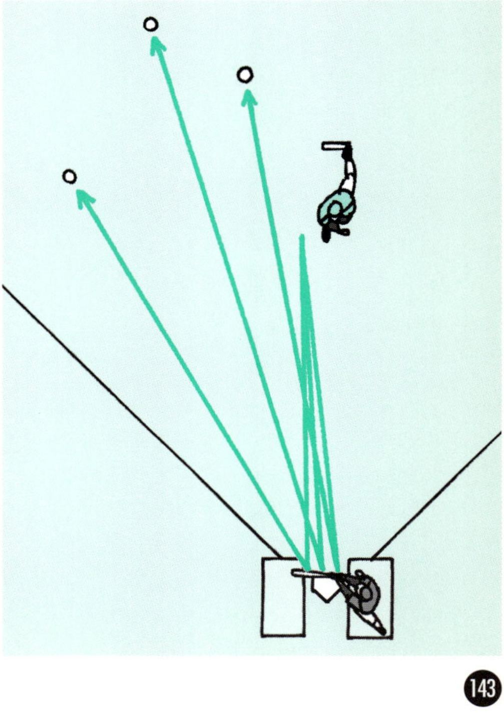

どんなボールでもセンター方面から左（レフト方向）を狙って打つ。

Applied batting

アンダースローの左投手を攻略する

アンダースローの左投手はほとんど見ることがない。まだまだ左バッターよりも右バッターのほうが多く、右バッターには左投手のアンダースローのボールはとても見やすいからだ。裏を返せば、左バッターにはかなりボールが見づらいというわけである。なにしろ、自分の背面の足元あたりからボールが浮き上がってくるのだから、まともにボールを見極めることさえ難しいといえよう。

●上下の揺さぶりに動じない

アンダースローのピッチャーの投球パターンは、ストレートで胸元を突き、ひざ元から沈む変化球で打ちとるというもの。したがって、本格派やサイドスローのピッチャー以上に「壁」を崩さないこと、ヘッドアップしないこと、の二点に注意し、ボールから決して目線をはずさずに手元まで引きつけて、センターから左方向へ打ち返すことだ。上下の揺さぶりが激しいだけに、ひざにゆとりをもたせておくことが大切である。

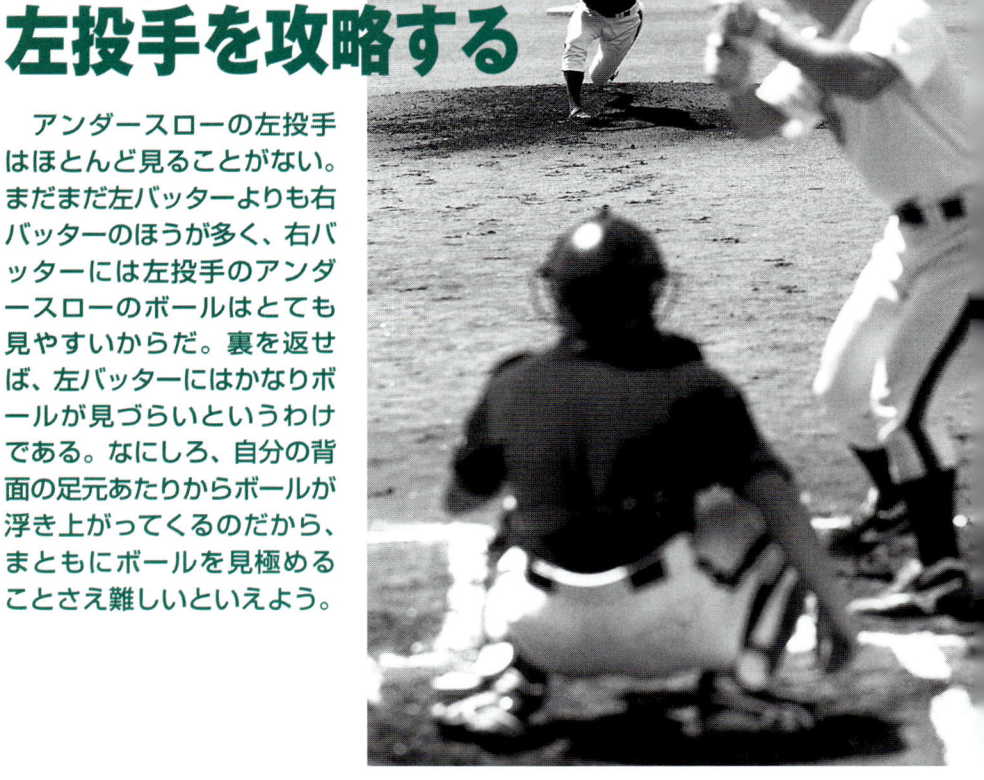

LEFT-HANDED BATTER

RAINING & TECHNIC

VI

左バッターのためのトレーニング

野球選手が鍛えたい筋肉

バッターのための体力トレーニングとは

よりよいバッティングをするためには、正しい体の使い方、正しいフォームが大切となる。また、ケガをしないためにも、正しい体の使い方、正しいフォームが最も大切となる。フォームは関節の柔軟性と筋力のバランス、そして、いつの間にか染み付いた運動のクセで一人ひとり違ったものができあがっている。

したがって、野球選手のための体力トレーニングでは、野球の正しい体の使い方をするために必要な柔軟性と筋力を高めて、その正しい動きがクセになるまで体に覚え込ませていくことになる。

野球で使われる筋肉

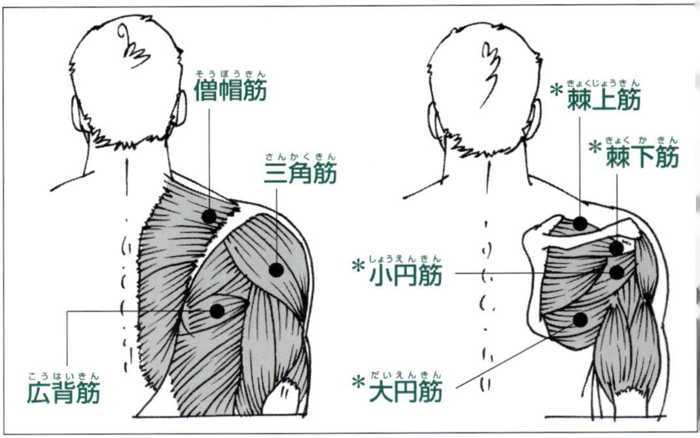
僧帽筋《そうぼうきん》
三角筋《さんかくきん》
広背筋《こうはいきん》
＊棘上筋《きょくじょうきん》
＊棘下筋《きょくかきん》
＊小円筋《しょうえんきん》
＊大円筋《だいえんきん》

＊は、まとめてローテーター・カフと呼ばれ肩の回旋を司る筋肉。

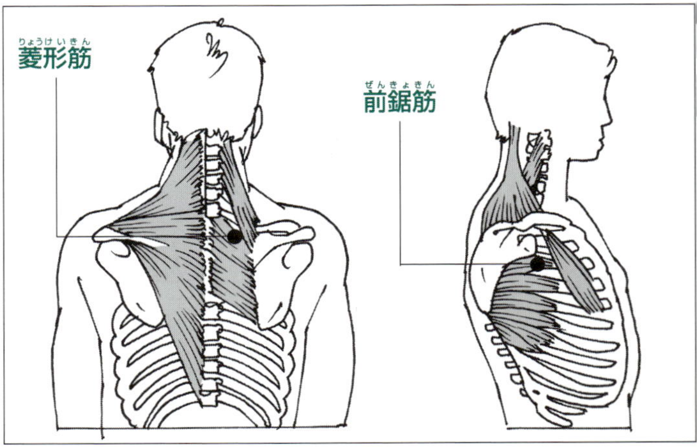
菱形筋《りょうけいきん》
前鋸筋《ぜんきょきん》

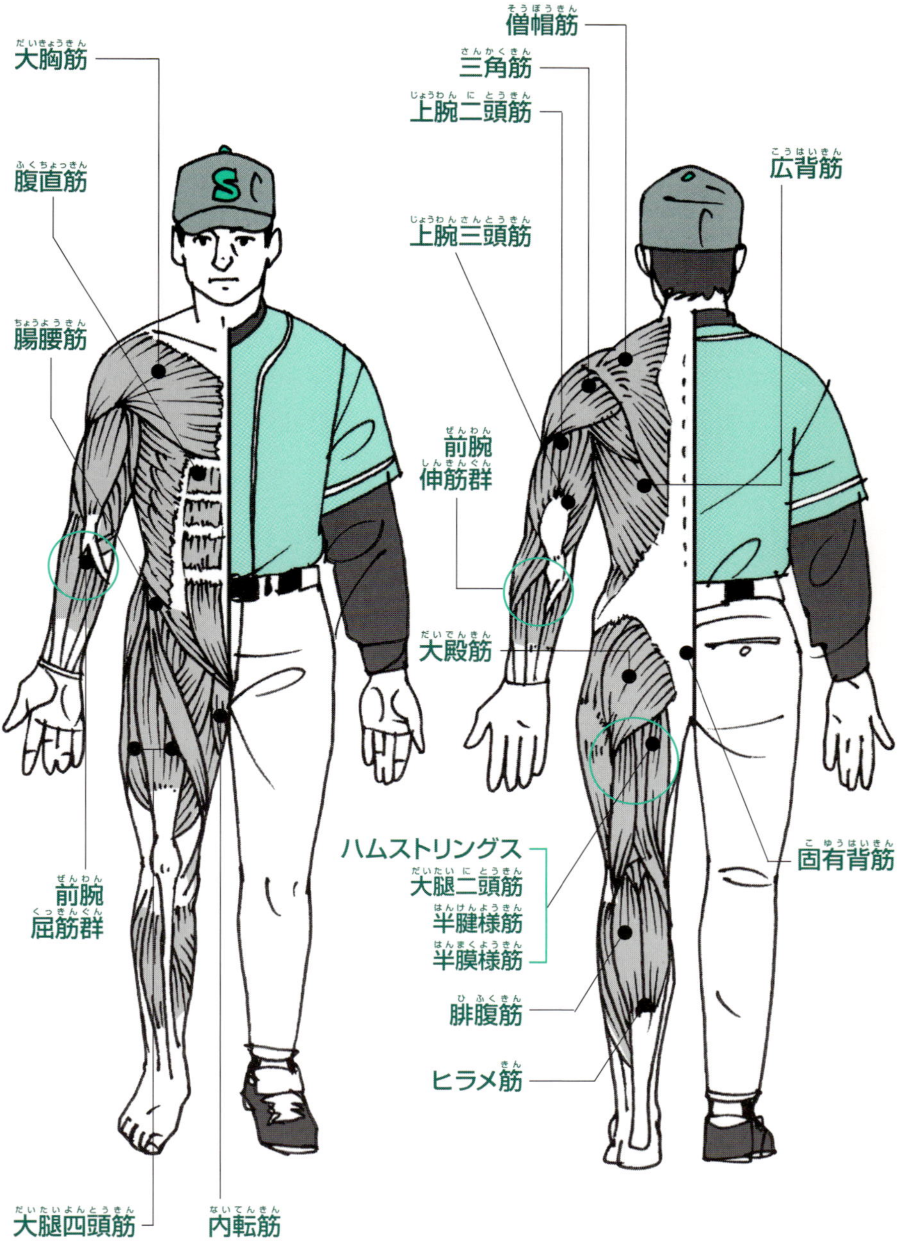
大胸筋《だいきょうきん》
腹直筋《ふくちょっきん》
腸腰筋《ちょうようきん》
前腕《ぜんわん》
屈筋群《くっきんぐん》
大腿四頭筋《だいたいよんとうきん》
内転筋《ないてんきん》
僧帽筋《そうぼうきん》
三角筋《さんかくきん》
上腕二頭筋《じょうわんにとうきん》
上腕三頭筋《じょうわんさんとうきん》
広背筋《こうはいきん》
前腕《ぜんわん》
伸筋群《しんきんぐん》
大殿筋《だいでんきん》
ハムストリングス
大腿二頭筋《だいたいにとうきん》
半腱様筋《はんけんようきん》
半膜様筋《はんまくようきん》
腓腹筋《ひふくきん》
ヒラメ筋《きん》
固有背筋《こゆうはいきん》

野球選手のための柔軟性チェック

正しい体の使い方ができるには、まず、一連の正しい形が作れるだけの関節の柔らかさをもっていることが第一条件だ。柔軟性が低ければ、いくら筋力を鍛えても、正しいフォームで効率よく力を伝えていくことは難しく、高めた筋力を生かしきることができないからだ。

まずは、次にあげた４つの柔軟性チェック項目で、自分の柔軟性のレベルを知ることから始めよう。そして、自分のレベルが低いことがわかったら、150～153ページのストレッチによって柔軟性の改善をめざそう。

チェック 1 体幹

「体幹回旋の柔軟性」

棒をかついで台に座り、両ひざで台を挟んで下半身を固定する。勢いをつけず、ゆっくりと水平に腰をひねり、棒が正面から見て一直線のラインを越えれば合格。左右両方行い、バランスもチェックする。投球・打撃に重要。

(改善➡ ストレッチ ①、③、④、⑤)

チェック 2 股関節

「股関節外転の柔軟性」

シューズを脱ぎ、両脚を左右にできる限り開脚し、両かかとの内側の距離を測る。身長分開いていれば理想的だが、平均的には身長の98%程度。95%以下くらいから明らかにプレーに影響が出る。投球・守備に重要。
(改善➡ストレッチ⑩、⑪、⑫)

チェック 3 股関節

「股関節屈曲・外転・内旋の複合的柔軟性」

シューズを脱ぎ、両かかとの内側が身長の半分の幅になるように開脚し、腰をできる限り落として床からお尻までの高さを測る。2.5cm刻みにメモリをつけた2本の棒を選手の体の前後に立てて、ゴムひもを渡せば、簡単に測ることができる。平均的には12.5cm程度。20cm以上くらいから明らかにプレーに影響が出る。投球・打撃・守備・走塁に重要。
(改善➡ストレッチ⑥、⑦)

チェック 4 足首

「足関節背屈の柔軟性」

シューズを脱ぎ、両手を腰の後ろに組み、両足、両ひざを閉じたまま完全にしゃがむことができるか。できなければ両手を前に伸ばして同様に行う。投球・打撃・守備・走塁に重要。(改善➡ストレッチ⑬)

バッターのためのストレッチ

野球選手にとってケガや故障は非常に怖い。筋肉が硬くなると体の柔軟性がなくなり、思わぬアクシデントにつながりかねないのでストレッチングは欠かせない運動だ。柔軟性チェックでレベルの低いことがわかったら、以下のストレッチを行おう。ストレッチは基本的に左右両方を行うこと。

ストレッチ 1

「肩の水平伸展（肩甲骨内転）」

ひじを90°に曲げ、肩と水平の高さで壁に着け、前に体重をかけて胸を張る。大胸筋のストレッチ。

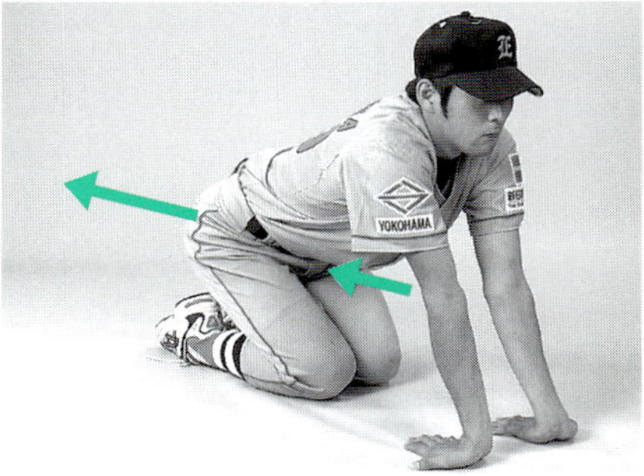

ストレッチ 2

「手首の背屈」

四つん這いで、指先が手前に向くようにして床に手のひらを着け、お尻を引いて体重を後ろにかけていく。前腕屈筋群のストレッチ。

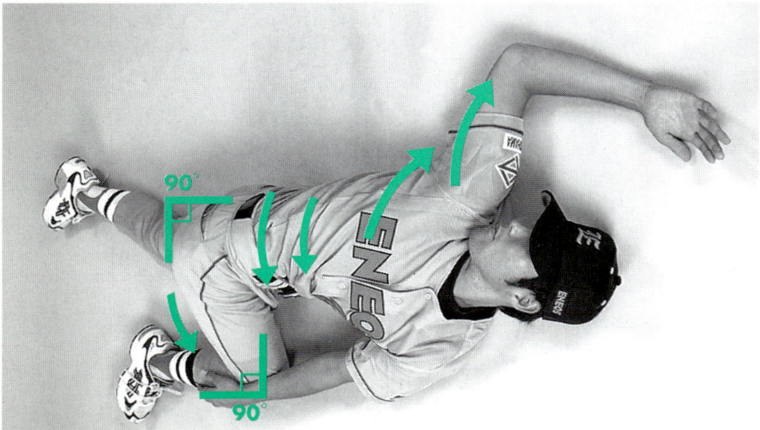

ストレッチ 3

「体幹の回旋」

横向きに寝て上の脚の股関節とひざを90°に曲げる。ひざが床から離れないように下の手で押さえながら、上の腕のひじを床に着けるように背中側に体をひねっていく。このとき上の腕のひじは両肩の延長上で90°に曲げておく。ひねりの柔軟性チェック種目としても有効。

ストレッチ 4

「体幹の回旋」

棒をかつぎ肩幅よりやや広めのスタンスでひざを軽く折って構える。その姿勢から左右交互に体幹を大きくひねる。骨盤より下を固定して行えば背骨のひねりと肩甲骨内・外転の可動域を高め、下半身も含めて全身で行えば股関節内旋の可動域も高めることができる。

ストレッチ 5

「体幹の回旋」

ストレッチ❹と同様の開始姿勢から、棒が垂直以上になるように体幹を横に倒す。左右交互に繰り返す。体側の筋群だけでなく、肩甲骨上方回旋の可動域も高めることができる。

ストレッチ 6

「股関節の屈曲・外転」

肩幅の倍に開脚し、かかとを両手で支えながら、できるだけ腰を落とす。内転筋のストレッチ。

柔軟性を高める

Stretch & Training

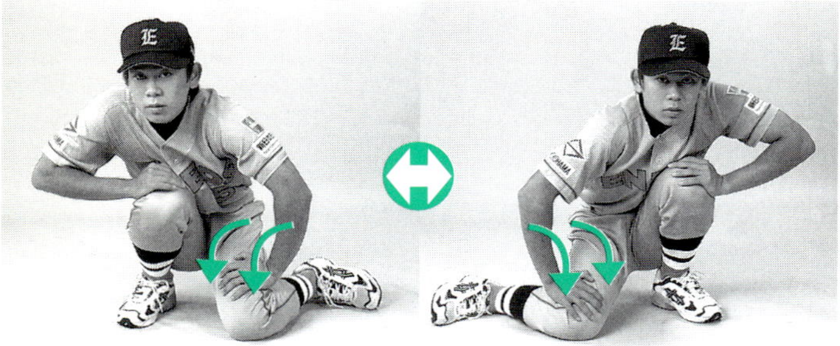

ストレッチ 7

「股関節の内旋」

ストレッチ⑥の姿勢から両脚の幅をやや狭め、片脚ずつ交互にひざを内側に倒す。逆脚もひざが開かないように、手で押さえておく。股関節内旋の動きを高める体操。

ストレッチ 8

「股関節の伸展」

前後に開脚し、後ろ脚のひざと足の甲は床に着ける。両手を前脚のひざに置き、上体を垂直に起こして腰を前方に突き出すようにする。後ろ脚股関節の前を伸ばすことを意識しながら、ゆっくりと前に体重をかけていく。腸腰筋のストレッチ。

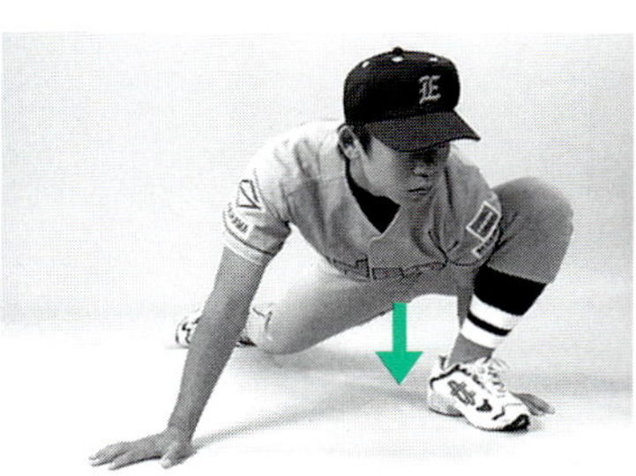

ストレッチ 9

「股関節屈曲・伸展」

ストレッチ⑧の姿勢から上体を前に倒し、前脚のひざの後ろに腕を潜り込ませる。後ろ脚のひざは床から浮かせて、股を床に近づける。

ストレッチ10

「伸脚での股関節屈曲」

ストレッチ⑨の姿勢から後ろのひざを床に着け、前脚を伸ばす。両手で爪先を持って上体を前に倒す。大腿二頭筋、半腱様筋、半膜様筋のストレッチ。

ストレッチ11

「伸脚での股関節屈曲・伸展」

両脚を可能な限り前後に開く。大腿二頭筋、半腱様筋、半膜様筋、内転筋、腸腰筋のストレッチ。

ストレッチ12

「股関節の外転」

両脚を可能な限り左右に開く。内転筋、大腿二頭筋、半腱様筋、半膜様筋のストレッチ。

ストレッチ13

「足首の背屈」

腰を浮かせた腕立て伏せの姿勢から、片足だけ足の裏全体を床に着ける。逆足は床から離し、伸ばしている足のアキレス腱に乗せる。腓腹筋、ヒラメ筋のストレッチ。

バッターの筋力トレーニング

バッターの筋力トレーニングでは下半身を強化することももちろん大切なのだが、左右の腕の筋力バランスはバッティングフォーム全体に影響するものなので、ボトムハンドの強化が最も大切なポイントになる。左バッターでは、当然、右腕の筋力トレーニングが重要になる。

●右投げ左打ちのメリット

理想的なバッティングの技術には左バッターと右バッターとで違いはない。しかし、技術的に優れた好打者に左バッターが多い印象はないだろうか。これは左バッターの場合に限ってのみ、投手に近い側の腕（ボトムハンド＝引き手）が利き腕となる右投げ左打ちの選手が存在しているためではないかと思われる。

ボトムハンドでスイング軌道をリードすることは、理想的なバッティングをするために大切な基本技術の一つだが、右投げ左打ちの選手ではボトムハンドが利き腕なので、スイング軌道をボトムハンドでリードするための有利な身体バランスがもともと備わっているのだ。

プロ野球の右投げ左打ちの日本人選手を見渡すと、イチロー、松井秀喜をはじめ、福留孝介、小笠原道大、高橋由伸、阿部慎之助、前田智徳、鈴木尚典、立浪和義、金本知憲、岩村明憲など、プロ野球を代表する好打者が目白押しだ。これは決して偶然ではない。

●ボトムハンドの重要性

バットスイングはバットを両手で握って操作する運動なので、選手それぞれの利き腕と非利き腕との筋力や器用さなどの違いによって、スイング中の左右の腕の使われ方のバランスは千差万別だ。そして、ボトムハンドが主体となってバットを引き出すのか、それとも反対のトップハンドが主体となってバットを引き出すのか、この違いによってスイング軌道や身体の連動に大きな差が現れてくる。

理想的なスイング軌道は、テークバックのトップからインパクトまでヘッドを下げず、かつ遠回りさせずに最短距離でバットを出すものと言われている。これは、振り出しからインパクトまでの時間が短くなるために、より手元までボールを見極めることが可能となり、どのコース、どの球種にも対応しやすくなるからだ。このスイングはボトムハンドのリードでバットを引き出すことで可能となり、逆にトップハンド主体でバットを振り出せばヘッドが下がり、遠回りの軌道となる。

バッティングのように爆発的に力を出すときには、これから使おうとする筋肉を事前に引き伸ばす。ボトムハンド主体でバットを引き出す場合には、テークバックでボトムハンド側

ボトムハンド主体型

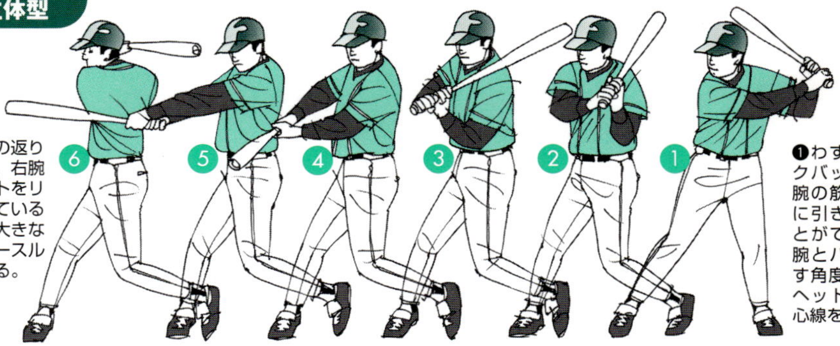

❺正面で両腕が伸び、手首が返る。

❹体重移動、腰の回転とともに十分なインパクトとなる。後ろ足が完全に爪先立ちになるのが特徴。

❸右腕とバットのなす角度は90°のまま。最短距離でバットを引き出すことができる。

❷ヘッドが投手方向に倒れていないため、体重移動と水平な腰の回転でバットが引き出され、前脚に重心が乗ることで「壁」ができる。

❻手首の返りが遅く、右腕でバットをリードしているため、大きなフォロースルーとなる。

❶わずかなテークバックでも右腕の筋肉を十分に引き伸ばすことができる。右腕とバットのなす角度は90°。ヘッドは頭の中心線を超えない。

トップハンド主体型

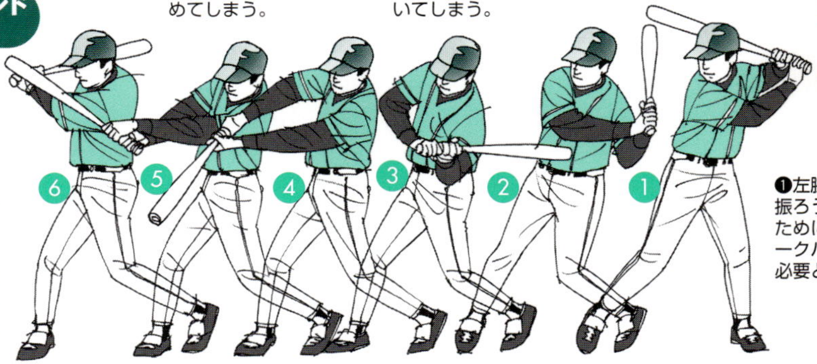

❺腰が回りきる前に手首が返ってしまう。

❹ヘッドが下がったインパクト。振り出しから手首を使うため、インパクトの前から手首が返り始めてしまう。

❸ヘッドは捕手側に大きく遠回りして引き出される。左腕が主体のため右脇が開いてしまう。

❷ヘッドが投手方向に倒れているため、後ろ脚の上で左肩を下げ、左ひじをたたむことでバットを回し始める。体重移動が不十分なため「壁」ができず、腰が開いてしまう。

❻左腕が伸びて、手首が返りきった時点でフォロースルーが終わってしまう。腰の回転が不十分な手打ちとなる。

❶左腕で強く振ろうとするために深いテークバックが必要となる。

の脇腹から肩にかけての筋肉が引き伸ばされているので、振り出すための力を十分に溜めこむことができ、そのまま体重移動と腰のひねりに連動して素直にバットを引き出すことが可能となる。

それに対してトップハンド主体でバットを引き出す場合には、テークバックでトップハンド側の筋肉はどこも引き伸ばされていないので、代わりに「ヘッドを投手方向に倒す」あるいは「ヘッドを背中から捕手方向へと弧を描きながら振り出す」など、ヘッドを回す反動動作を加えて力を生み出し、インパクトまで遠回りの軌道を通ることになる。

この動作は「トップハンド側の肩が下がる」「ボトムハンド側の脇が開く」「ヘッドが下がる」「腰が早く開く」「手首の返りが早い」「体重移動が不十分」「フォローが小さい」など、多くの悪いクセを併発することになる。そして、こうした欠点は、ボトムハンドでのリードができるようにならなければ完全に改善することはできない。

これは単に使い方の善し悪しの問題ではなく、バットを操作するための筋力、調整力の左右差によって、必然的にそうした使い方になってしまうものなのだ。したがって、技術練習だけでなく、筋力トレーニングの面からも積極的にアプローチしていくべきである。

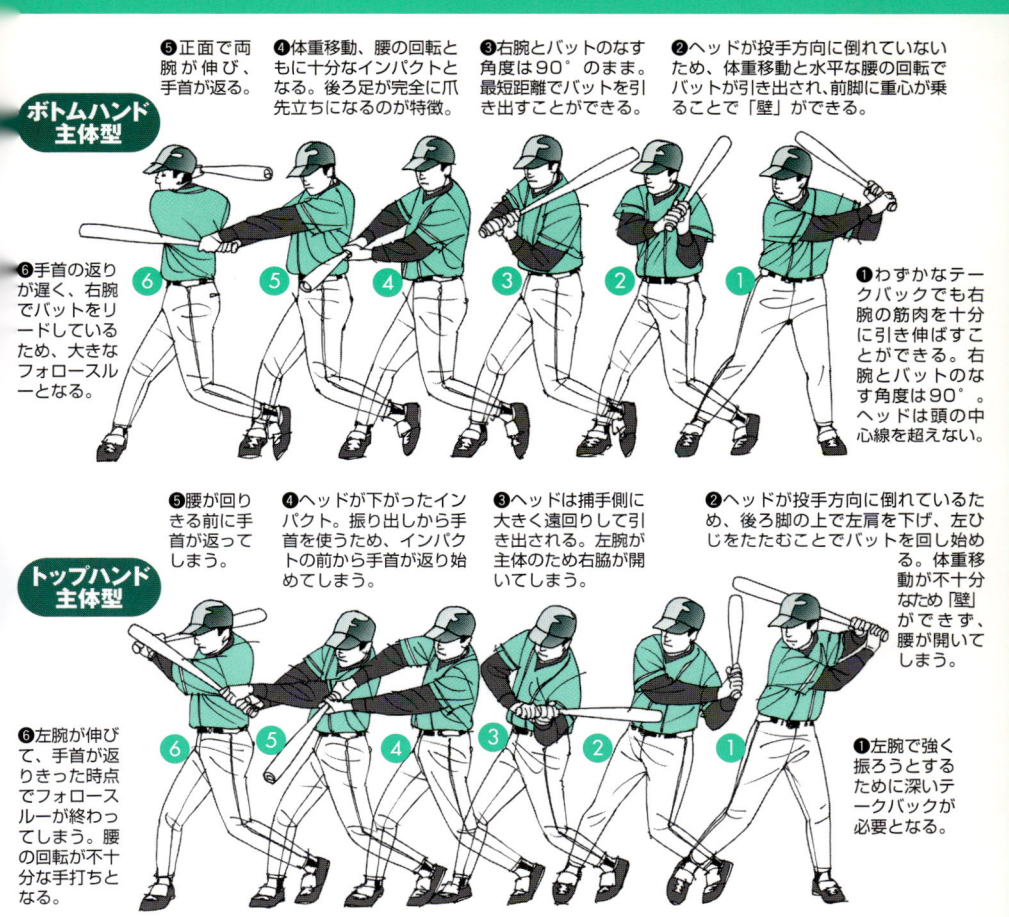

ボトムハンドの強化トレーニング

ボトムハンドの強化

「ワンハンドクロスレイズ」

ベンチに仰向けになり、ボトムハンドにダンベルを持って垂直に構える。そこから腕を伸ばしたまま逆肩の横にダンベルをゆっくり降ろし、勢いよく元の位置に戻す。動作中トップハンドは上腕に軽く添えておく。10～15回。

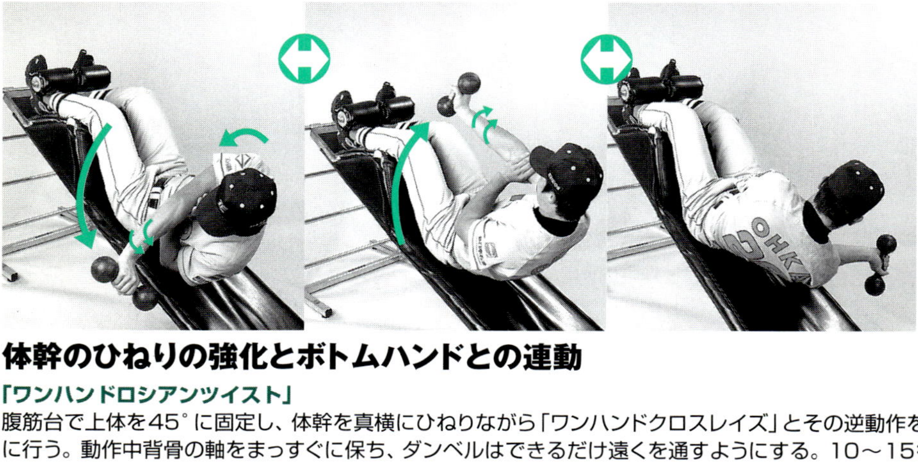

体幹のひねりの強化とボトムハンドとの連動

「ワンハンドロシアンツイスト」

腹筋台で上体を45°に固定し、体幹を真横にひねりながら「ワンハンドクロスレイズ」とその逆動作を交互に行う。動作中背骨の軸をまっすぐに保ち、ダンベルはできるだけ遠くを通すようにする。10～15往復。

ボトムハンドのリストの強化

「リストプロネーション&サピネーション」

ボトムハンドにバットを持ち、前腕の回内・回外（手首だけで内側・外側へひねる）動作を交互に繰り返す。特に小指側の力で軌道をコントロールするように意識して、バットが水平の位置で回内と回外の切り返しを行うようにする。動作中ひじは90°に曲げ体側に固定しておく。10～15往復。

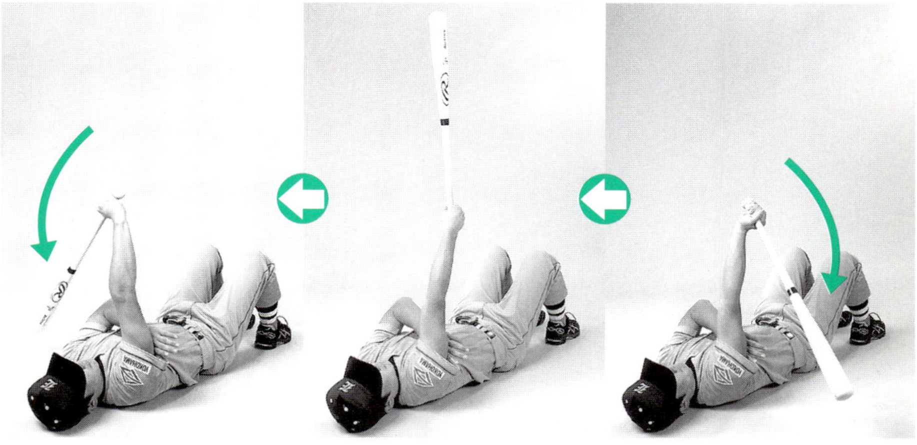

ボトムハンドのリストの強化

「リストターン」

仰向けに寝て、ボトムハンドを垂直に固定し、手首だけでバットの返し動作を繰り返す。小指側の力でバットをコントロールし、バットのヘッドの軌道が両肩の横からボトムハンドの真上を通る面から外れないようにする。15～25往復。

VI 左バッターのためのトレーニング
筋力を高める

Stretch & Training

バットスイングでのボトムハンドの強化

「片腕スイング」

ボトムハンドのみでフルスイングを繰り返す。通常の素振りの前に行うと効果的。

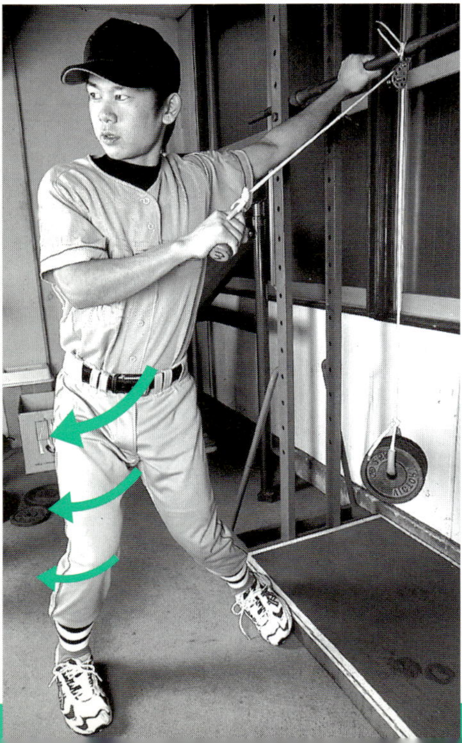

打撃動作でのボトムハンドの強化

「ワンハンドケーブルロウイング」

テイクバックのトップの姿勢でケーブルを握り、バッティング動作をイメージしながらインパクトの位置までケーブルを引き出す。10〜20回。

●監修

新日本石油野球部

1950年に創部された社会人チームの名門。都市対抗野球に40回出場。優勝8回は史上最多。近年では、1993年、1995年に黒獅子旗（優勝）を手にする。1999年4月より日石三菱に、2002年6月より新日本石油に社名を変更。

●撮影指導

林　裕幸
(はやし　ひろゆき)
新日本石油野球部前監督。東海大相模高校～東海大学卒業。

若林重喜
(わかばやし しげき)
現監督。佐伯鶴城高校～立正大学卒業。

木下俊生
(きのした　としお)
守備・走塁コーチ。鎮西高校～九州国際大学卒業。

和嶋利博
(わじま　としひろ)
打撃コーチ。南陽工高校～法政大学卒業。

井深　有
(いぶか　ゆう)
新日本石油野球部前投手コーチ。韮山高校～慶應義塾大学卒業。

前田　健
(まえだ　けん)
新日本石油野球部前コンディショニングコーチ。阪神タイガーストレーニングコーチ。城西大川越高校～筑波大学～筑波大学大学院修了。

●モデル紹介

巴田　誠
(ともだ　まこと)
投手。国東高校～明治大学卒業。

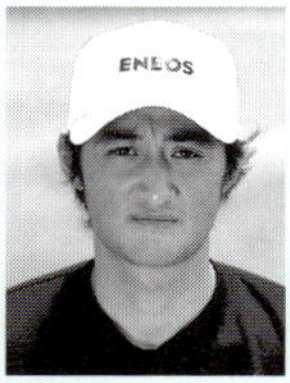

岩本祐治
(いわもと　ゆうじ)
内野手。山梨学院大附高校～明治大学卒業。

高松竜馬
(たかまつ　りょうま)
外野手。高鍋高校～明治大学卒業。

手島　智
(てじま　さとし)
投手。拓大紅陵高校卒業。

横川義生
(よこかわ　よしお)
内野手。桐蔭学園高校～立教大学卒業。

岡田新二
(おかだ　しんじ)
捕手。春日部共栄高校～日本体育大学卒業。

大須賀　勉
(おおすが　つとむ)
投手。検見川高校～明治大学卒業。

池田樹彦
(いけだ　しげひこ)
捕手。平安高校卒業。

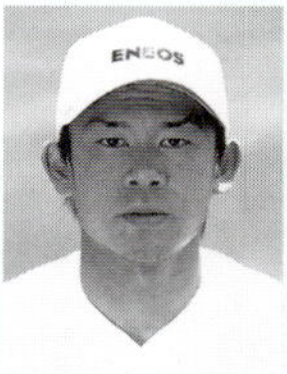

仲田　克
(なかだ　まさる)
内野手。沖縄水産高校卒業。

深澤賢司
(ふかざわ　けんじ)
投手。桐蔭学園高校卒業。

大可弘満
(おおか　ひろみつ)
外野手。広島商業高校卒業。

●デザイン・
DTP――――志岐デザイン事務所
●撮影――――岡沢克郎
●口絵写真――――田口有史
●イラスト――――高橋道彦
●執筆協力――――本間正夫

左《ひだり》バッターになろう！
強《きょう》化《か》トレーニング＆テクニック

●監修者――――新日本石油野球部［しんにほんせきゆやきゅうぶ］
●発行者――――若松 範彦
●発行所――――株式会社西東社《せいとうしゃ》
〒113-0034　東京都文京区湯島2-3-13
TEL.（03）5800-3120　　FAX.（03）5800-3128
http://www.seitosha.co.jp/

ISBN4-7916-1145-4